A SHORT HISTORY OF THE WORLD IN 50 PLACES

歷史在這裡發生過

五十個決定人類發展的歷史場域

雅各·菲爾

Jacob F. Fiel

葉咨佑——

黃春木 教育部師鐸獎得主、臺北市立建國高級中學歷史科

謝哲青 作家、知名節目主

宋彥陞「時空偵探的歷史行腳」版主、文史策

陸奧「陸奧紀行物語」網誌、「故事：給所有人的歷史」專欄

寒波 演化人類學「盲眼的尼安德塔石器匠」

何昱泓「每日一冷」主編————好評

縱貫古往今來，橫亙八荒九垓，翻開書頁，歷史就躍然紙

目錄

引言

縱觀人類歷史，有些地方是重大事件的遺址，是意外事件的恆久關注焦點，又或是悲劇事件的紀念物。有些地方乍看之下或許並不出名，卻是歷史的縮影，細細訴說經年累月的趨勢或議題，更觸及科學、宗教、藝術和社會的變革與發展。本書這涵蓋所有的地方，更對人類歷史提出全新敘事，從文明最初階段延續到二十一世紀。

全書採編年形式，細述決定人類歷史上五十個地方的重大影響、歷史遺產及角色地位。從非洲早期人類出現開始，最早的人類先祖在坦尚尼亞奧杜韋峽谷（Olduvai Gorge）能夠熟練地操作簡單工具之後，得以往世界各地擴散，足跡因此遍布地球各大陸，包括澳大拉西亞（Australasia）[1]與美洲各地。

接著，本書繼續往古代世界及古文明初現的足跡邁進，像是肥沃月彎、尼羅河谷及黃河盆地內出現的文明。

第三章關注晚期古代世界，例如成為三教信仰聖地的耶路撒冷聖殿山（Temple Mount），以及代表希臘黃金時代（Golden Age）[2]光榮的雅典衛城（Acropolis of

Athens）遺址。

第四章及第五章緊接著細述中古時代，從伊斯蘭世界的學術重鎮廷巴克圖大學（University of Timbuktu），到絲路的重要驛站、今日烏茲別克境內的撒馬爾罕（Samarkand）。以及從阿茲提克帝國的重要中心——墨西哥的特諾奇提特蘭（Tenochtitlan）[3]，到全球最具戰略地位的重要水道土耳其海峽[4]。

第六章進入現代早期，諸如葡萄牙的貝倫（Belém）教區，訴說著葡萄牙等歐洲國家長達數世紀的帝國創建之路如何展開，還有迦納的海岸角城堡（Cape Coast Castle）如何成為大西洋奴隸貿易的中樞。

第七章則細數一連串為現代世界奠基的革命事件，包括啟動工廠生產、引領機械工業的蘇格蘭小鎮新拉納克（New Lanark），以及西蒙·玻利瓦（Simón Bolívar，1783－1830）與盟友們思索拉美獨立未來的委內瑞拉寓所。

最後，第八章關注現代世界，從決定多數當代媒體景觀（media landscape）的好萊塢，到可能是現存冷戰最後象徵的南北韓非軍事區（Korean Demilitarized Zone）。冷戰的緊張關係，曾經讓全球處於可能遭核戰毀滅的邊緣。

無論你的興趣何在，本書都將給你新的歷史洞見及觀點。

— 譯註 —

1 一個不確定的地理名詞，通常指澳大利亞、紐西蘭及南太平洋諸島等地。見第二章「諾魯」一節。

2 「黃金時代」一詞出自希臘神話，是指由泰坦（Titan）克諾洛斯（Cronus）領導的時代。赫西俄德（Hesiod）《工作與時日》（*Works and Days*）裡將人類世紀畫分成五個時代，黃金時代在克諾洛斯治下充滿和諧與繁榮，人們不必辛勤工作謀食，土地會自然長出食物。

3 阿茲提克帝國首都，位於特斯科科湖（Lake Texcoco）西側一座島上。西班牙人入侵後，特斯科科湖及相鄰各湖湖水遭抽乾以控制洪患，河谷所在地位在今日墨西哥城的中心。見第五章「特諾奇提特蘭」一節。

4 連接黑海及地中海的唯一通道，又稱黑海海峽，包括博斯普魯斯海峽及達達尼爾海峽。見第四章「土耳其海峽」一節。

第一章

史前史

奧杜韋峽谷（Olduvai Gorge）

大約兩百萬年前，最早的人類出現在非洲撒哈拉以南，他們被歸類為巧人（Homo habilis，意指「手巧之人」）。數千年後，他們進化成為現代智人（Homo sapiens，意指「明智之人」），在世界各地聚居。我們能夠對人類遠祖有所認識，是因為坦尚尼亞奧杜韋峽谷的一連串發現。

奧杜韋峽谷位處塞倫蓋提大草原（Serengeti Plain）東隅，是一處長約四十八公里的陡峭溝壑。奧杜韋這個名稱源自奧杜拜（Oldupai），在當地馬賽（Maasai）人的語言裡意指「野生瓊麻之地」（一種該地區常見的尖狀植物）。此區在史前時代緊鄰一座湖泊，可見這裡是動物和早期人類的重要聚集地。附近火山的沉降火山灰，使得動物和早期人類的遺存情形良好。

一九一一年，科學家威廉．卡特溫寇（Wilhelm Kattwinkel，1866－1935）在當時德屬東非轄下的峽谷裡發現了化石沉積物（其中包括現已滅絕的三趾馬〔Hipparion〕牙齒）。卡特溫寇將他的發現於柏林發表後，當局正式派出一組研究探險隊，以地質暨古生物學家漢斯・瑞克（Hans Reck，1886 – 1937）為首。當時演化論已相當成熟，人們普遍接受人類是從靈長目動物發展而來。化石紀錄證實演化論並不完整，演化如何且從何處發生，各方的理解存在龐大分歧。當時所知最早出土的人科動物化石，是發現於亞洲的直立人（Homo erectus，意指「直立之人」）標本。直立人的直立行走能力，讓其得以空出雙手製作工具並控制環境。直立人可能演化自靈長目下的南方古猿（Australopithecus）。

瑞克的探險隊找到了數以百計的動物化石以及智人的完整骨骼，他宣稱已逾五十萬年。這個時間點頗受質疑，倒是提高了人們前進峽谷的興趣，有更多探險隊打算前往該地（日後證實當時的懷疑是正中目標，因為之後的碳定年顯示骨骼年齡只有一萬七千年）。由於第一次世界大戰，奧杜韋峽谷進一步的發掘動作因而延緩，一直到一九三一年該地區歸入大英帝國轄下才又展開。

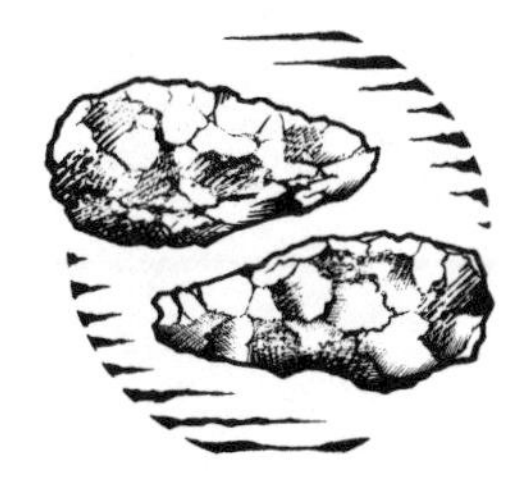

東非大裂谷（The Great Rift Valley）

東非大裂谷起自土耳其最南端，一路延伸至莫三比克尚比西河（Zambezi）入海口，長約六千四百公里。三千萬年前開始，地殼斷裂使裂谷逐漸成形，造出八十公里寬、三〇九公尺深的谷地，以及許多山脈和湖泊。猿類就是在如此多樣的環境裡演化成為現代人類，這裡也因此成為世界上化石最豐富的地區之一。

英國探險隊以肯亞出生的古人類學家路易士．李基（Louis Leakey，1903 – 1972）為首。李基曾到德國拜訪瑞克，也看過奧杜韋的化石。他和家人費了數十年工夫發掘奧杜韋峽谷，一連串出土的遺跡推翻了人們對早期人類本來的理解。李基和其團隊（包括他的太太瑪麗〔Mary Leakey，1913 – 1996〕，也是一位古人類學家）在奧杜韋發現了一百萬年前左右的實用手斧，但是起初他們並沒有發現任何早於直立人的人類遺存。一次重大突破在一九五九年七月十七日降臨，那是李基第七次的奧杜韋探險。就在瑪麗遛著她的六隻大麥町時，她發現了一段骨頭。經證實，這段骨頭來自一個近乎完整的頭骨，已有一百七十五萬年。這顆頭骨因為有大顆的臼齒而被暱稱為「胡桃鉗人」（Nutcracker Man）。李基夫婦認定他屬於南方古猿的一種，證實人類演化自非洲。

隔年，瑪麗和路易士的兒子強納森・李基（Jonathan Leakey，1940 年生）在峽谷裡發現早期人類的下頷骨和其他部位，經過廣泛研究和相似遺存的進一步出土，確定他們是銜接起南方古猿和直立人之間演化空缺的人種。一九六四年，他們宣布將這個新人種歸類為巧人，意指「能工巧匠」。他們發現，巧人的演化時間在兩百四十萬年前到一百五十萬年前之間。稱呼他們巧人，是因為較大的腦賦予他們製作更複雜器具的能力。

尼安德塔人（Neanderthals）

大約在四十萬年前，與智人截然不同的另一原始人類開始發展，那就是尼安德塔人，名稱取自一八五六年發現首個尼安德塔人樣本的德國尼安德河谷（Neander Valley）。尼安德塔人從歐洲擴散到北非及亞洲部分地區，較

短的四肢、較大的鼻子和較為粗壯的軀體，使他們得以應付尼安德河谷地區普遍較冷的氣候。尼安德塔人與無知的洞穴人相距甚遠，可能已經使用口說語言，懂得控制火且使用石片製作工具。

奧杜韋峽谷還保有許多早期人類製作的石器。可能是獵人及清除者（scavengers）的巧人以所知的「打製法」（knapping）製作器具，也就是藉由在他物表面重複敲打石頭，塑造出鋒利的刃邊。奧杜韋的器具大多用於宰殺動物及斬斷骨頭，以取得營養的骨髓。器具持續發展，也能用來搭蓋樹枝遮蔽處，製作木製武器和陷阱。石器的使用是原始人類蓬勃發展的關鍵，這讓他們能夠適應更多樣的地區。巧人演化成直立人費時約一百九十萬年，直立人使用更加複雜的石器，並且能夠控制火。接著，大約在二十萬年前，解剖學意義上的現代人（即智人）於東非出現。直立人及智人化石均在奧杜韋出土，這代表奧杜韋訴說著一段兩百萬年的漫長故事，關於靈長類如何演化成人類的故事。

智人並沒有留在非洲，更大的腦及更高的智慧，讓智人有能力住在更多樣的環境裡，智人因而在十三萬年前到十萬年前之間擴散到近東（Near East）地區。大約五萬年前，他們跨進歐洲，更進一步跨入亞洲。智人抵達這些地方後，可能與尼安德塔人雜交。基因檢測顯，示生自這些地區的現代人類，仍然帶有尼安德塔人的DNA。不過，尼安德塔人身為獨立人種，約在四萬年前就已滅絕。滅絕的原因仍有爭議，不過可能的因素包括氣候變遷或是被智人取代。

傑貝爾依羅（Jebel Irhoud）

一九六一年，一位礦工在摩洛哥西部傑貝爾依羅的一處洞穴裡發現一個智人頭骨化石，發掘行動自此展開。進一步的挖掘於二〇〇四年開始，發現了更多原始人類遺存、動物骨頭，用火的證據和燒過的燧石工具。這些工具歷經約三十一萬五千年歲月，使傑貝爾依羅的化石成為解剖學意義上最古老的現代人。

直至一萬五千年前，智人幾乎已在世界上每個宜居的角落生活，包括澳洲及美洲。智人最初和直立人一樣都是獵採者，以三十到五十人的小型游牧群居方式生活。他們仰賴打獵、食用野生動物腐肉及採集野生植物維生。智人男性和女性的數量相當，而且由於頻繁移動，這些群體少有機會能夠累積私人財產，這表示舊石器時代有著相當平等的社會。久而久之，智人開始投入儀式行為，十萬年前首次出現葬禮，五萬年前左右首次製出具有代表性的視覺藝術。他們製作更先進的工具，包括一萬四千年前做出了簡單的弓及箭。從許多方面來看，這些算是最初的機器，因為它們有可移動的零件，並且將肌力轉為機械能。它們和網子、投矛器、飛錘（bolas）等其他發明，讓人類能夠捕獵更大型動物。隨著人類以中東地區為首開始過渡到定居型農業社會，這個「舊石器時代」便從西元前一萬年開始步入盡頭。

蒙哥湖（Lake Mungo）

澳洲原住民文明為世界上最古老、延續長達數千年的文明。他們早在五萬年前就已抵達澳大利亞，在澳洲大陸各地定居。最古老的原住民化石證據發現於蒙哥湖，這座乾涸湖泊位在新南威爾斯省（New South Wales）西南。

一九六八年，研究古沙丘的澳洲地質學家吉姆．鮑勒（Jim Bowler）在蒙哥湖發現焚燒過的人骨，他認為是侵蝕作用造成這些骨頭暴露於外。隔年，鮑勒帶著考古學家歸來發掘這些遺存，將它們裝進行李箱後，帶到坎培拉的澳洲國立大學（Australian National University）進一步研究。他們發現這些化石骨骸是一位年輕婦女的遺存，身高一四七公分。婦女的遺存顯示她經過火葬，而且骨頭被撒上赭石粉。由此可知她的文化重視儀式行為，而且可能具有某種來生觀。一九七四年，當鮑勒騎著摩托車在蒙哥湖各處調查，他撞見一堆人骨遺存凸出於一塊大石頭上。經發掘並送至坎培拉後，他發現這是一位成年男子，身高一七〇公分，年齡約五十歲，右手肘處有退化性關節炎（可能是投矛造成）。男子在年輕時同時掉下兩顆犬齒，可能是出於某種儀式。

「蒙哥女士」及「蒙哥男士」都在四萬兩千年前左右死亡，當時澳洲已經有原住民定居。同時代的人類DNA研究顯示，澳洲原住民是一群智人後裔，在七萬兩千年前左右離開非洲，遷徙到東南亞後再進入澳洲。澳洲北部的阿納姆地（Arnhem Land）有一些最早的人類聚落證據出土，其中有兩處岩蔭（rock shelters）發現了石器，可以追溯至五萬三千到六萬一千年前。三萬五千年前，原住民們就是從這些最初的聚落遷徙到整個澳洲大陸。他們大部分維持狩獵採集的生活形態，這是早期人類社會的特徵。不過，一些群體曾經實行某種農業，留下了採收及儲糧的證據，並且以精巧的手法捕捉鰻魚等魚類。這群原住民是訓練有素的追蹤者，也是投矛的能手。火是他們生存的關鍵，可以用來煮食，並將動物趕出洞穴，灰燼還可以擔當肥料，幫助植物再生長。

首個人類聚落在澳洲大陸出現時，當地許多地景形貌與今日截然不同。當原住民在五萬到四萬五千年前初抵蒙哥湖，那裡是擁有十三座大型淡水湖的內陸地區一隅，湖水因為逐漸轉趨涼爽的氣候而充沛，涼爽氣候也使得蒸發量減少。除了湖泊，當地還有充滿野生動植物的草地及森林。大約四萬年前，沙塵暴自沙丘迎風面挾沙襲來，升高的氣溫使水位降低。蒙哥湖在一萬九千年前乾涸，人們遷移到附近有更可靠水源的地方。

澳洲巨型動物群

澳洲大陸孤懸一方，意味著原住民們會遇到地球別處不曾見過的動物。居住在澳洲大陸的許多物種，在人類到來前缺乏天敵，牠們因此成為原住民現成的食物來源。包括雙門齒獸（Diprotodon，大小如河馬的有袋動物）及牛頓巨鳥（Genyornis，身高逾一八〇公分，是不會飛的鳥類）等物種，都有可能是因為捕獵而滅絕。

澳洲原住民分成五百多個部落，各自可追溯至特定的祖先分布區。儘管沒有書寫系統，他們有代代相傳複雜的口傳神話。社會階層並不明顯，老者因為熟悉部落傳說而較有地位，畢竟習得整部神話通常需耗時三十到四十年，包括歌曲、舞蹈及聖地。

雖然澳洲原住民有超過三百種不同的語言，而且不同族群之間有零星暴力衝突，但是文化交流十分普遍。鄰近部落時常因為慶典活動聚集在一起，貿易網絡也從海岸往內陸延伸逾一千六百公里。由於澳洲原住民大多採取游牧生活，定居形式的產出極少。其中一個例外出現在維多利亞省（Victoria）西南，六百年前當地人建造可以容納四到七人的家庭小屋，供他們在一年當中居住一段時間。近乎頻繁的遷移，讓澳洲大陸的人口密度維持在低點，截至十八世紀末僅有三十萬原住民在當地生活，人口密度是每二十六平方公里才有一個人。

植物學灣（Botany Bay）

一七七〇年四月二十九日，詹姆士．庫克（James Cook）才在地圖上標出南太平洋諸島，由他掌舵的奮進號（HMS Endeavour）就沿著紐西蘭海岸線航行，於澳洲大陸東部泊岸。英人將泊岸處命名為植物學灣，返家前標出澳洲大陸八千公里長的海岸線。一七八八年，搭載一〇三〇人（包括七三六名囚犯）的英國艦隊在植物學灣靠岸。一行人發現那裡不適合流放囚犯後，便往北移動八公里到傑克森港（Port Jackson），幾經發展成為日後的雪梨。

一七八六年，英國政府決定將囚犯送往澳洲安置，第一艦隊（First Fleet）在兩年後抵岸。截至十八世紀末期，居住在澳洲的殖民者超過五千名。歷經十九及二十世紀，數百萬人遷徙至此。英國掌管澳洲僅是對外宣稱擁有該地主權，並沒有和當地原住民簽訂任何條約。多虧有無主地（terra nullius，指荒涼且不屬於任何人的土地）這個法律理論，英政府得以據此宣稱擁有澳洲。而原住民的權利完全遭到忽視，直到一九九二年法律判決在澳洲出爐，才承認澳洲原住民擁有其祖先的領土，並且本來就歸屬於他們。殖民過程對原住民社會來說，是一場災難及創傷。除了失去土地，原住民們還從殖民者身

上承接了西方的疾病和暴力對待。

蒙哥女士及蒙哥男士的骨骸留在坎培拉好幾十年了，當初被帶走時並沒有獲得帕坎第人（Paakantyi）、穆提穆提人（Muthi Muthi）及晏巴人（Ngiyampaa）等三族的許可。現在他們被認定是蒙哥湖地區的傳統擁有者，經過與部落協商，蒙哥女士的骨骸在一九九二年時歸還部落，並存放於蒙哥國家公園（Mungo National Park）展示中心一處保險櫃內。打開保險櫃需要兩把鑰匙，一把由考古學家們持有，一把由部落耆老們持有。蒙哥男士則是直到二〇一七年才「返國」，最終葬回蒙哥湖一隅。塵歸塵，土歸土，他的骨骸將繼續留在那個曾經數世紀末被打擾的地方。

第二章

早期古代世界

肥沃月彎（The Fertile Crescent）

大約一萬兩千年前，一些人類文化開始自游牧式的狩獵採集社會，轉移到長久的定居農墾形態。這個「新石器革命」改變了世界，容許更多人口、更專業分工，以及最早的城鎮出現。

肥沃月彎是由中東地區兩條主要河流底格里斯河（Tigris）、幼發拉底河（Euphrates）界定出的區域。兩河源自土耳其及伊朗山區，並流入波斯灣，一同為該地區提供關鍵的淡水。該地區最理想的農墾地帶就是兩條河流中間，著名的美索不達米亞平原，且早在西元前九千年就已展開農耕。肥沃月彎是野生禾穀植物的生長地，諸如二粒麥、大麥、小米、亞麻都經馴化後種植，此外還有豆科植物如苦野豌豆、扁豆。牛、山羊、豬及綿羊等野生動物也都經過選育（馬的馴化最初是在俄羅斯及中亞，到達此處得等到西元前四千年之後）。截至西元前七千年，肥沃月彎各處皆有大型農墾聚落，不過大部分圍繞在河流附近或降雨充沛之處。小規模使用淡水灌溉大約是從西元前六千年開始的。到了西元前五千年，人們建造更複雜的灌溉渠道及蓄水池，抽乾沼澤地，使土

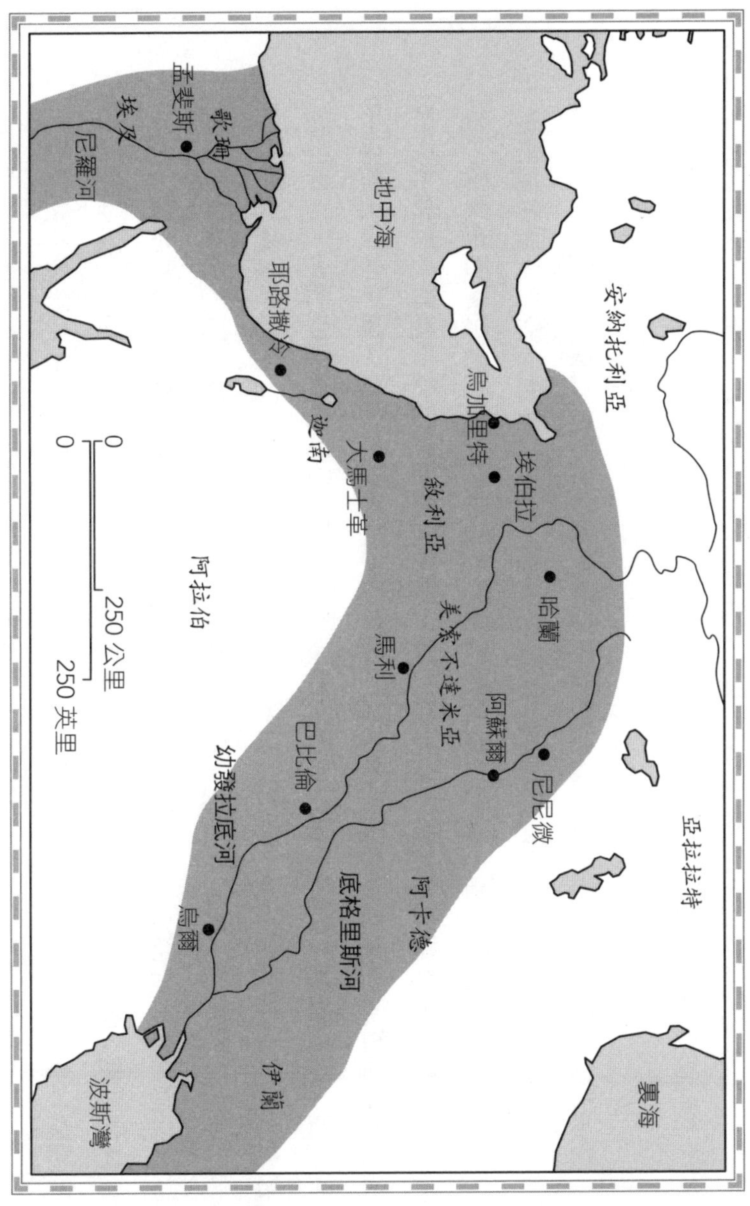

西元前六千年左右的肥沃月彎。

地利用更加密集且廣大。隨著犁與耙的發明，食物供給增加，人口得以更迅速地增長。

美索不達米亞平原最南方是知名的蘇美（Sumer），西元前四千五百年，最早的城市在此地成形。之後數個世紀，都市化延伸至肥沃月彎其他地區，更進入波斯和埃及。人們大概是在這時開始往城市移動，因為氣候變得愈加乾旱，自給性農業更難以維持，促使更加集約的農業出現，因此要求人口要再集中。都市的成長，允許更高程度的職業專業化，編織與製陶四處可見（此時已使用製陶轉盤，生產更加快速，且具有更繁複的設計）。人們發明更先進的金屬鑄件，像是在西元前三千五百年製出銅件，西元前一千年製出鐵件，讓工具和武器更加堅固且銳利。雖然有這些工藝技術，但大部分的人還是從事農耕，從城市裡的住家走向田野。長程貿易在肥沃月彎裡建立，到西元前三千年時，輪式車四處可見利用，這意味著能夠將重物運到遠方。到了西元前兩千三百年，美索不達米亞人建造的船隻已經龐大到足以將貨物運往阿曼（Oman）及印度交易。儘管經濟往來頻繁，肥沃月彎的文化裡並無採用貨幣制度，付款方式一般都是以物易物，工資大部分是穀物，以標準法碼衡量多寡。

肥沃月彎裡的城市擴張為城邦，掌管周圍約十六公里內的地區，其中包含耕地及村落。政治層級開始出現，最初，這些城邦是由各城領導人物組成的大會統治，但從西元前三千年開始，這些大會多數被個別統治者取代，最終建立起世襲君主制。首位有考古學證據的統治者是恩美巴拉格西（Enmebaragesi），他的名字出現在雪花石瓶的碎片上。在西元前兩千五百年左右統治蘇美的城邦基什（Kish）。

這些早期國王的主要角色是帶領軍隊，因為日益擴張的城邦彼此逐漸敵對，開始為了影響力及領土而戰鬥。人類歷史上最早的戰爭（銘刻於一座石灰岩紀念碑上）起於西元前二四五〇年左右，拉噶什（Lagash）和溫馬（Umma）兩座蘇美城邦為了一塊灌溉地的控制權而開戰。拉噶什最終出線，史載國王伊埃納屯（Eannatum）親自領軍贏得勝利，不過他也因此中箭。國王也管理秩序及監督計畫，像是興建城牆、灌溉系統和穀倉。一些穀倉十分龐大，如舒魯帕克（Shuruppak）城裡的穀倉，裡頭儲存的大麥足供兩萬人食用六個月。組織化宗教開始出現，每座城邦普遍都有自己的守護神和精心設計的神廟群。從西元前兩千年開始，廟塔（ziggurat，高大階梯形金字塔，象徵聖山）成為常見的建物。國王鼓吹政教合一，宣稱其統治是由神授與，並且將宗教儀典納入國家職能之中。

楔形文字（Cuneiform）

大約從西元前三千三百年開始，蘇美人發展出第一套書寫系統，就是楔形文字，以尖斜的蘆葦桿在高溫燒過的濕黏土板上書寫。一開始是一套有限的圖像文字，用來追蹤貨物、穀物和稅賦。不到六百年光景，這套系統發展出一千個語音符號，而且能夠記錄下文學作品。最後中東各地採用這套文字系統，直至西元一世紀仍在使用。

歷史上首位皇帝薩爾貢（Sargon）即出生自肥沃月彎，在西元前二十四世紀生於蘇美城邦基什。身為園丁之子，薩爾貢在推翻基什國王奪權之前，擔任的是國王酒政（cup-bearer）」。為了彰顯他的權力，薩爾貢取了一個尊號叫「沙魯金」（Sharru-kin），意思是「這位是合法的國王」。從西元前二三三四年開始，薩爾貢征服整個美索不達米亞平原，並建立一座新的帝都，取名阿卡德（Akkad，可能位於今日的巴格達）。在薩爾貢征服的城邦裡，原來的統治者獲准留位，不過這些統治者此時都只是省長層級，如何統治必須聽任薩爾貢。薩爾貢擁有超過五千名常備軍，他實行中央課稅制度，稅金都送往他身上，他再將土地賜予支持者。薩爾貢的繼承者擴張了他的領土，不過也目睹許多地方叛亂，以及波斯、敘利亞和安納托利亞的侵略。阿卡德帝國在西元前二一五四年時崩解，原來涵蓋的地區回復到原先的獨立城邦體制。

阿卡德帝國殞落後，肥沃月彎下個崛起的強權，是西元前一八九四年建立於幼發拉底河畔的城邦巴比倫。在漢摩拉比的統治下，西元前一七九二到一七五〇年，巴比倫征服了周邊城邦，控制多數美索不達米亞平原地區。漢摩拉比是一位積極擴張權力的統治者，他的法典頒布於西元前一七五四年，是此類文件中留存最久的一個。這部法典記錄在二‧三公尺高的黑閃長岩柱上，許多複本放置在巴比倫帝國各公共廣場及神廟顯眼之處。法典包含二八二項判決，涉及的事項囊括奴役、貿易、工資、通姦、婚姻和收養。一項指導原則就是「以眼還眼」。這個概念對其他法典及宗教影響深遠，例如舊約。漢摩拉比歿後，帝國也跟著瓦解，不過巴比倫仍然維持知識、宗教及貿易中心的重要地位。到了這時，肥沃月彎內諸多創舉已經施行數世紀，並且擴及亞洲各地，邁入非洲及歐洲，成為人類歷史上最具影響力的文明之一。

尼羅河（The Nile）

身為全世界最長的河流，尼羅河全長超過六千四百公里，從非洲一路流入地中海。沒有這片孕育生命的水域，三千年的古埃及文明不可能存在。尼羅河自古以來即扮演著形塑埃及過去、現在和未來的重要角色。

身當穿越撒哈拉沙漠的綠洲，尼羅河在埃及主要有兩個部分：一是河谷，大約十三公里寬；一是三角洲，以二四〇公里寬的一連串潟湖及沼澤散開於地中海沿岸，使埃及和歐洲之間擁有便利的海路連結。尼羅河有兩個主要源頭，不過源頭的確切位置直到十九世紀後才完全確立，分別是衣索比亞的塔納湖（Lake Tana）和東非的維多利亞湖（Lake Victoria）。前者湖水流入「藍色尼羅河」（Blue Nile，這個稱呼來自河裡攜帶的泥沙），後者湖水流入「白色尼羅河」（White Nile），兩河在今日的蘇丹交會，就在蘇丹首都喀土穆（Khartoum）的北邊。

金字塔（Pyramids）

金字塔是替法老及其家族準備的巨大陵墓複合體，源自西元前二六五〇年左右孟斐斯（Memphis）附近為左賽爾（Djoser）建造的階梯金字塔，日後才逐漸發展成平邊的塔體。史上最大的金字塔是位在吉薩（Giza）的古夫（Khufu）金字塔，古夫在西元前二十六世紀時當政。古夫金字塔離地將近一五二公尺，涵蓋範圍達十三英畝。若是沒有尼羅河，金字塔不可能建成，因為建造材料和工人的食物，就是透過截自尼羅河的渠道，運送到建造地點的。

在一個此外別無充足水源的地區，尼羅河顯得格外重要，古埃及人於是稱它為「Itrw」，意指「大河」（the River），而「尼羅」一詞取自古希臘河神名「Neilos」。尼羅河讓首個農耕聚落得以在西元前五千年左右出現於河畔，就在今日埃及境內，也讓大麥、小麥、亞麻、蔬果的種植以及家禽的畜養得以出現。除此之外，一種稱作紙莎草

（Cyperus papyrus）的水生植物遍生於河岸，其髓部被埃及人及其他古人用來製成表面粗厚的書寫用紙莎草紙[2]。尼羅河之所以重要，更主要的原因是每年的固定氾濫。暮夏時節，尼羅河水漫越河岸，帶來豐厚的粉砂沉積，滋養土壤的同時也沖刷掉鹽分。古埃及人將每年的氾濫稱作「洪水季」（Akhet），相信這是女神伊西斯（Isis）因丈夫奧塞里斯（Osiris）死去而落下眼淚。不過，河水溢淹的真正原因，來自數百英里外的上游。衣索比亞境內的季風降雨造成水量驟增，最終導致埃及境內的尼羅河氾濫。洪水穩坐在天然的盆地內，形成一座可供農耕灌溉的巨大蓄水庫，河水氾濫期間可以持續六到八個星期。這些天然盆地加上複雜的堤壩和灌溉渠道系統，讓尼羅河水得以更有效地貯蓄及分配。

埃及的尼羅河已不再每年氾濫。十九世紀中期以降，一連串愈加宏偉的計畫以建造水壩及水門為始，改變了尼羅河的流動，創造出一年到頭均有水源供應的灌溉渠道。這些舉動最終促成亞斯文高壩（Aswan High Dam）的建立，主導者是一九五六年成為埃及總統的賈邁勒．納瑟（Gamal Abdel Nasser，1918 – 1970）。納瑟盼望這座水壩能夠加速埃及經濟的現代化。由於冷戰期間納瑟意圖維持中立政策，美英兩國政府撤回對亞斯文高壩的投資，納瑟於是決定將原本歸英法政府旗下公司所有的蘇伊士運河國有化，以分擔建壩經費。儘管隨之出現蘇伊士運河危機（Suez Crisis），納瑟和埃及仍然掌控了運河，在一九六〇到七〇年間將運河的過路費拿來支應水壩的建設。這段期間持續在位的納瑟，在亞斯文高壩落成後兩個月死於心臟病。水壩創造出納瑟湖（Lake Nasser），一路延伸入蘇丹境內，在當地稱作努比亞湖（Lake Nubia）。這座人造水庫讓埃及官方能夠控制尼羅河的洪水，為農業提供更可靠的供水，還能夠利用水力發電。

蘇伊士運河（The Suez Canal）

蘇伊士運河於一八六九年開航，船隻得以從地中海直接駛入印度洋而不必繞行非洲，成為世界上最重要的水道之一。聯合王國在一八八二年以軍事行動取得蘇伊士運河，並成為埃及的保護國。一九五六年納瑟將運河國有化以建造亞斯文高壩，英、法及以色列軍隊於是入侵埃及欲奪回運河控制權，之後在國際壓力下撤退，埃及政府重新控制蘇伊士運河這條水道。

古時尼羅河最後一個重要功能，是作為貨物和人的運輸路線。最早往返於河上的船隻是小型蘆葦筏，製作材料是漁夫搭建水上平台用的蘆葦。久而久之，小船發展成大型遊船及駁船，運送大型貨物如花崗岩或穀物。埃及境內的尼羅河河道大多容易航行，速度是舒適的一節[3]，氾濫時提高至四節。盛行風讓船得以向北航行，向南往上游航行就需要靠槳力。埃及境外的尼羅河航運，因為六個「瀑布」而中斷。瀑布所在區域岩石及石塊凸出水面，阻礙河水流動而造成激流。象島（Elephantine）鄰近第一瀑布（First Cataract），以北的尼羅河段長達一千兩百公里，大小船航行毫無阻礙，可以一路輕鬆航行至地中海。

傳統認為首個埃及城邦起於西元前三千一百年左右。半傳奇的統治者美尼斯（Menes，目前普遍認定是一位叫納爾邁〔Narmer〕的地方國王）統一了尼羅河沿岸各城邦，建立起第一王朝（First Dynasty）。他與後繼者以「法老」（Pharaoh）之名著稱於世，法老取自埃及語，原意是指「王宮」。法老也以「兩地之王」（Lord of Two Lands）著稱，因為他們同時統治著下埃及（Lower Egypt，以尼羅河三角洲為中心）和上埃及（Upper Egypt，指尼羅河谷）。因為如此，雙冠成為法老權力的重要象徵，白色部分代表下埃及，紅色代表上埃及。幾個世紀以來，法老發展出愈加中央集權的政制，將權力集中於據尼羅河三角洲頂點附近戰略位置的首都孟斐斯。

撒哈巴山（Jebel Sahaba）

人類衝突的最古老證據，在蘇丹北部尼羅河東岸撒哈巴山的古墓地。此墓地已歷經一萬三千年歲月，是六十一位狩獵採集者的葬身之地。其中近半數人死狀悽慘，身上的痕跡顯示他們受過矛或箭的攻擊，或許與爭奪尼羅河的使用權有關。

法老們視自象島延伸至三角洲的土地為其「自然」領土，卻時常從象島以南入侵今日多在蘇丹境內的努比亞地區。雖然努比亞段的尼羅河不如埃及段來得肥沃，經濟上仍屬重要，因為這裡是商隊載運香料、象牙、黑檀木及貴金屬的路線。此外，法老們在努比亞嚴加訓練警力及軍隊。西元前一千五百年左右，埃及大舉入侵努比亞，征服該地區

將之併入帝國。努比亞一直待在埃及治下，直到西元前十一世紀時脫離埃及。至於尼羅河北段，從西元前十六世紀到西元前十一世紀，埃及將權力擴張到西奈沙漠，並且進入中東地區，與西臺帝國（Hittite Empire）爭奪敘利亞及迦南地區（Canaan）的控制權。

到了西元前九世紀，埃及法老的權力支離破碎，內部出現動亂。法老喪失對亞洲的影響力，也面臨外族勢力的入侵。的確，努比亞地區的強勢城邦庫什王國（Kingdom of Kush）及源於美索不達米亞的新亞述帝國（Neo-Assyrian Empire），數次征服埃及部分地區或全境。最終的失敗在西元前五二五年到來。波斯的阿契美尼德帝國（Achaemenid Empire）在尼羅河三角洲東部的佩魯西姆戰役（Battle of Pelusium）告捷後，將孟斐斯攫入手中。埃及成為波斯的一省，不過阿契美尼德人以法老之名、法老之姿統治埃及。除去西元前四〇四年到西元前三四三年之間以當地人統治埃及，波斯人一路統治埃及直到西元前三三二年亞歷山大大帝（Alexander the Great，西元前356－323）征服此地為止。之後埃及經歷一連串外族勢力的統治或控制，包括羅馬人、拜占庭人、阿拉伯人、鄂圖曼人及英國人，直到一九五三年獨立建國。

黃河盆地

中華文明最早起源於石器時代黃河中游沿岸。黃河貫穿整個華北平原，此處是夏的發源地。夏朝據信是統治該地的第一個王朝。

五四六四公里長的黃河發源自巴顏喀喇山，流入中國東北方的渤海岸。黃河之名得自其色澤呈黃，起因來自於輸砂量（為世界各河之冠），也就是釋入水中的砂泥數量，這表示黃河會因為河岸變動而時常難以定位。除此之外，黃河經常潰堤釀災（過去兩千五百年來達一千五百次），而有「中國的哀愁」（China's Sorrow）之名。更嚴重的是由於河床淤砂導致水域變動，黃河遂以河道劇烈變動著稱。這對古代中國人來說是個災難，他們的家因此遭摧毀。這樣的災難還摧毀了許多石器及銅器時代遺址的存在證據。儘管如此，黃河仍舊被視為中華文明的搖籃，這是因為黃河氾濫又退卻，留下層層淤砂滋養土壤，創造出理想的肥沃土地供農業發展。

中國的農耕是在西元前七世紀及西元前六世紀時沿黃河開展，當時氣候變遷使得該地區既暖且濕，小型村落因而興起，小米及稻米等作物遍植。到了西元前二世紀，華北

平原人口日益密集且都市化，數以千計的城牆城邦在該地區興起。各城邦由自己的首領統治，戰事頻仍使得一些城邦得以控制其他城邦。中國第一個朝代夏朝，即是在此政治地景下出現於歷史之中。

興起於西元前兩千一百年的夏朝，起源與黃河密不可分。夏朝首位帝王禹的父親鯀花費數年時間，從神那裡盜得神土建造堤壩，嘗試控制水患。起初鯀的堤壩奏效，神奇地能夠隨河水高漲而升起，但最後仍然潰堤，造成嚴重洪害。鯀因為竊盜遭神處決（有傳聞指出他是自殺）。禹決定克紹箕裘，從父親失敗之處做起，不在黃河及同地區其他河道上築壩，反而花費十年時間疏浚河道，建造灌溉渠道，讓黃河河水得以平靜地排出，禹因此封帝。學者們質疑禹是否真有其人，現存證據無法證實，因為在據傳禹生存的年代書寫尚未發明。不過，禹的故事可能是以口傳故事為本，訴說著統治者如何嘗試對抗黃河毀滅性的洪患，而禹也被視為德智兼備的帝王典範。

禹深受人民愛戴，人民因而讓其子啟繼承禹，自此立下世襲統治傳統，夏朝於是建立。夏朝持續至西元前一千六百年左右，末代暴君桀被地方首領湯推翻而建立商朝。無論夏朝是否曾經真實存在，可以確定的是有文獻佐證的商朝，統治已經過渡到更多層級的政治組織體系。商朝的勢力從黃河谷地向外擴張，涵蓋中國東北更大範圍的地區。

商朝建立起複雜的行政體系、對地方政務官發下詔令，並建造華麗的宮殿群體和皇室陵墓。中國所知最早的書寫系統在此時開始發展，有兩千餘個象形文字。這些文字最常被發現刻在獸骨或巫師使用的龜甲上，巫師們會將提問刻於龜甲，再以金屬棒燒灼龜甲，解釋燒灼後形成的裂紋以預知未來。

大約在西元前一〇四六年，周武王推翻商朝最後一位帝王，據說是一位荒淫無度的酒鬼紂。武王擊敗紂的軍隊，迫使紂撤退到殷城內的宮殿，並在殿內自殺。周國以商朝喪失「天命」為由替其反叛正名，辯護周的奪權之舉。天命指的就是神授予統治者治理之權。夏商周三朝統治中國的進程，在許多古代文獻來源裡獲得證實，不過實際上可能

沒有那麼簡單。有可能他們是同時存在，只不過彼此互相征服領土，而且黃河平原裡同時還有其他小型城邦。

印度河流域文明（The Indus Valley Civilization）

南亞最初的文明起於印度河盆地，就在今日阿富汗東北、巴基斯坦及印度西北一帶。該處農業建立自西元前四世紀末，都市聚落則建立自西元前兩千五百年。大約在西元前一千七百年，一連串侵略、乾旱及地震導致多數城市凋零荒廢，文明於是告終。

到了西元前一世紀，中國已經將勢力延伸至黃河中心地帶之外。不過，黃河仍然是農業用水的重要來源。七世紀初期，黃河與長江（不若黃河，長江極少氾濫）因大運河而相連，大運河整合起南北兩地的經濟與政治。儘管歷來有諸多嘗試透過堤防及堤壩控制住黃河水患，黃河仍舊不時潰堤，造成數以千計人死亡。從二十世紀中期開始，許多充滿野心的嘗試欲藉由建立水力發電廠及洪水控制系統制馭水勢，期望黃河不會再給中國帶來哀愁。

諾魯（Nauru）

人類歷史上最了不起的事蹟之一，就是原住民們在大洋洲落地生根。十八、十九世紀，歐洲人到來改變了這個地區。諾魯島的故事展示出文化邂逅有時會帶來悲慘後果。

大洋洲是由四個文化及地理區域組成：澳大拉西亞、美拉尼西亞、密克羅尼西亞及玻里尼西亞。人類首先在美拉尼西亞定居，巴布亞人在四萬多年前就遷徙至新幾內亞。直到西元前三千年，巴布亞人才與東南亞出發的南島人（Austronesians）一起，往美拉尼西亞更東邊的小島邁進。大洋洲北邊的密克羅尼西亞，則在西元前一千年時開始有人定居，大約在兩千年前另一波遷徙潮往更東邊的玻里尼西亞移動。這些島與島之間的長程航行跨越廣闊的太平洋，使用的卻是舷外浮桿獨木舟（outrigger canoes）。於外海航行數週，卻沒有六分儀或指南針等工具，反而是靠觀察天體、潮汐甚至鳥類的移動變化完成導航。

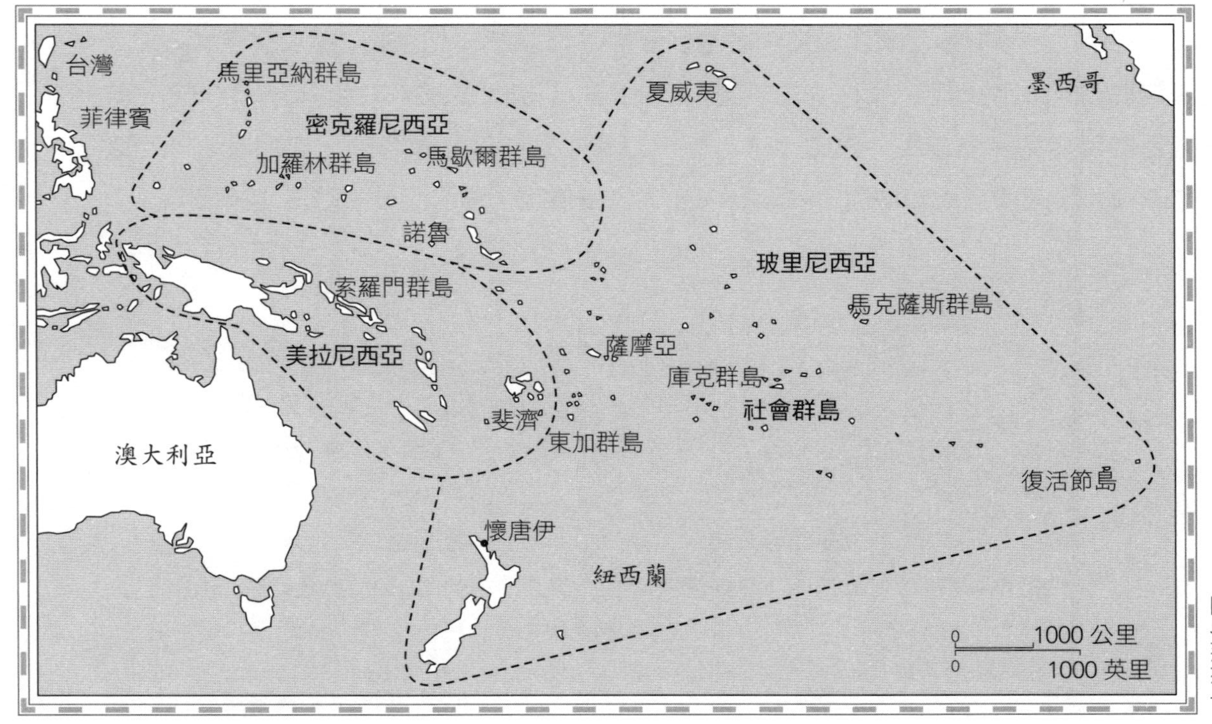
台灣
菲律賓
馬里亞納群島
密克羅尼西亞
加羅林群島
馬歇爾群島
諾魯
夏威夷
墨西哥
索羅門群島
美拉尼西亞
澳大利亞
斐濟
東加群島
薩摩亞
庫克群島
社會群島
玻里尼西亞
馬克薩斯群島
復活節島
懷唐伊
紐西蘭
0 1000 公里
0 1000 英里

大洋洲各區。

懷唐伊（Waitangi）

人類最後一個定居的主要陸塊是紐西蘭，原住民毛利人在十三世紀時到達此處。荷蘭探險家在一六四二年時曾經造訪，不過殖民此處的是英國。一八三八年，英國政府決定併吞紐西蘭，在懷唐伊與毛利酋長們談判，並在一八四〇年二月六日簽署條約。簽約者同意維多利亞女王（Queen Victoria，1819－1901）的統治，獨家擁有該區土地的購買權，並保證毛利人身為英國子民的權利。條約實行後因為屢有違反而爭議不斷。

諾魯是一座鵝蛋形的島嶼，面積僅二十一平方公里，四周有珊瑚礁圍繞。坐落於西南太平洋的諾魯，距離最近的島嶼也有約三百二十公里遠。諾魯因此成為海鳥的避風港，幾世紀來海鳥的排遺逐漸累積。島中央高地海拔三十公尺，其上的岩石經排遺瀝濾而有豐富的磷酸鹽沉積物，這項物質最後徹底翻轉了這座島嶼的命運。大約在兩世紀以前，諾魯就已有人定居，可能是美拉尼西亞人、密克羅尼西亞人及玻里尼西亞人混居。

儘管其他太平洋島嶼彼此的互動十分常見，諾魯人倒是相當自絕於外且自給自足。強勁的洋流讓遠洋航行十分困難，諾魯人因此大都足不出島。

一七九八年十一月八日，英國捕鯨船獵人號（Hunter）撞見諾魯島卻沒有派人登陸，不過一些諾魯人倒是乘坐獨木舟搖槳來相見。會面儘管短暫，船長約翰．費恩（John Fearn）卻留下良好印象，還為這座島取名「快樂島」（Pleasant Island）。到了一八三〇年代，捕鯨船以諾魯為補給站，就在這時，首批歐洲居民來到此地，他們是「海濱拾荒者」（beachcombers），諸如船艦上的逃兵，或安置在太平洋各島的逃犯。歐洲人帶來了酒、火槍和西方疾病，迅速地改變並破壞了諾魯社會。一八七〇年代，諾魯人已經擁槍自保。一位青年酋長在一場婚禮慶典上意外遭槍殺，導致諾魯十二個氏族之間長達十餘年的內戰，將近三分之一人口遭殺害。一八八八年，德國為了讓這座島嶼恢復秩序（也為了擴張帝國版圖），宣布諾魯為其保護國。德人派遣砲艦野豚號（SMS Eber）到諾魯，並有三十六支部隊登岸。他們將所有酋長軟禁在家，直到全部槍枝及軍火移交到德軍手上。德意志帝國當局接著禁止酒類進口，並且鼓勵基督教傳教士前來。

十九世紀末期，科學家們發現磷鹽岩經加工後，可以製出一種非常有效的肥料。當西方各國意識到太平洋諸島充滿磷酸鹽沉積物後，他們開始在各個島嶼上採挖磷酸鹽。

起初諾魯被排除在外，但一八九九年有了改變。亞伯特・艾利斯（Albert Ellis）在太平洋諸島公司（Pacific Islands Company）磷酸鹽部門工作，他注意到同事從諾魯帶回來奇怪的石頭，同事把這塊相貌怪異的石頭拿來雪梨辦公室作為門擋。艾利斯認為這是一塊化石木，後來發現那其實是一顆磷礦石，隔年太平洋諸島公司便前往諾魯開採，年產量也迅速升至九一〇億公斤（八萬九千公噸）。澳洲軍隊旋即在一九一四年第一次世界大戰開始後拿下諾魯。戰爭結束後，諾魯成為國際聯盟（League of Nations）的託管地，由澳洲、紐西蘭及英國擔任託管人（實際上是由澳洲人管理）。磷礦開採依然持續，只不過諾魯人只分得一小杯羹。

第二次世界大戰時，諾魯遭到更大的壓制與破壞。一九四〇年德國巡洋艦隊轟炸諾魯，一九四二年諾魯被日本征服。日本人在諾魯建造一座空降場，並將一千兩百名島人送至一千九百公里外的楚克群島（Chuuk Lagoon）強迫勞動，僅有半數左右活著被遣返。盟軍機隊時常轟炸諾魯，直到一九四五年才從日本手中奪回諾魯。戰後諾魯成為聯合國託管地，重新建立起戰前的行政規畫，磷礦開採也持續進行。一九六八年，諾魯贏得獨立，成為世界上最小的國家之一。諾魯持續開採磷礦，曾有一小段時期成為地球上人均國內生產毛額最高的國家。諾魯政府以採礦獲利成立信託基金，在世界各地置產投資。然而，隨著磷酸鹽沉積物日漸消耗、全球價格下降，諾魯的經濟出現疲態。雪上加霜的是諾魯政府的信託基金在一連串投資上慘賠，包括一齣失敗的倫敦音樂劇，以李奧納多・達文西（Leonardo da Vinci，1452－1519）的一生為藍本。

到了二十一世紀初期，諾魯在沒有磷礦可開採的情況下陷入危機。採礦讓三分之一的諾魯島遭到嚴重破壞，科學家們預估得花費一千年時間才能恢復生物多樣性。諾魯政府實質上破產了，政府資產已遭沒收，也不再能履行財務義務。為了尋找其他收入來源，二〇〇一年諾魯與澳洲政府達成協議，替澳洲收置尋求庇護之人，多數是阿富汗人和伊拉克人。他們留在諾魯一直到二〇〇八年。四年之後，澳洲政府的諾魯離岸羈留中心重新開張，中心和磷礦開採一樣成為諾魯的經濟命脈。不過，諾魯對待難民之道，已經引起國際強烈不滿，有報告指出不人道的環境及虐待情事。儘管諾魯政府有計畫在外海進行深海採礦，這個國家的長遠未來，仍然在未定之天。

—譯註—

1 為國王選酒、試酒、斟酒之人，為預防有人下毒謀害國王，也陪伴國王飲酒作樂。

2 製作方法是先將草莖外皮去除，再將內部的柔軟髓部切成細條。各細條分兩層鋪排，上層與下層垂直。經用力敲打或擠壓，讓滲出的澱粉質樹液黏合上下層，再以輕石磨平表面即可書寫。

3 一節等於一小時走一海浬的速度。一海浬等於一八五二公尺，所以一節相當於時速一．八五二公里。

第三章

晚期古代世界

聖殿山（The Temple Mount）

耶路撒冷是猶太教、基督教及伊斯蘭教三教的聖地，城內最神聖之處應該就是聖殿山。這裡是所羅門王的聖殿所在地，也是穆罕默德登霄之處。

西元前三千年左右，耶路撒冷以小鎮之姿崛起，少有地方如耶城這樣讓人為了它激烈奮戰。耶路撒冷坐落於古時的迦南地區（跨入巴勒斯坦及敘利亞境內），得名自迦南神祇撒冷（Shalem）。大約在西元前一千年，大衛（David）征服了耶路撒冷，將耶城建立成為以色列王國（Kingdom of Israel）的首都。以色列人是源自迦南地區的游牧民族，返回祖國之前，居住在埃及和美索不達米亞平原一帶。以色列人的宗教猶太教屬於一神信仰，由族長亞伯拉罕（Abraham）創立。早在大衛征服耶路撒冷之前，聖殿山在猶太教裡就具有重要地位。許多人相信這裡是「摩利亞山」（Mount Moriah）所在地，上帝要求亞伯拉罕將第一個出生的兒子以撒（Isaac）獻祭，以示信仰之誠。當上帝看到亞伯拉罕願意遵照命令，祂便喊停，改以一公羊獻祭。

此外，聖殿山是「基石」（Foundation Stone）所在地，猶太人相信世界就是由此開始創造。大衛之子、也是王位繼承人的所羅門，在這裡蓋起第一聖殿（First Temple）。第一聖殿中央有一稱作至聖所（Holy of Holies）的小室，裡頭藏有一座收存石板的包金櫃子叫約櫃（Ark of the Covenant），石板上是摩西（Moses）刻寫的十誡（Ten Commandments）。約櫃本來安置在會幕（Tabernacle）裡，那是大衛搭建的多色帳篷。所羅門歿後，西元前九三〇年左右以色列王國分裂。北部仍然保留以色列之名，在西元前七二二年時被亞述人征服。南部稱作猶大（Judah），包含耶路撒冷在內，在西元前五八六年時被巴比倫人奪去。巴比倫人洗劫耶路撒冷、摧毀第一聖殿，並且將多數居民流放到巴比倫。

阿契美尼德波斯帝國（Achaemenid Persian Empire）在西元前五三八年時征服了巴比倫，並允許被俘虜的猶太人返回家鄉。一行人由所羅巴伯（Zerubbabel）帶領，他是猶大王室的成員，在波斯人治下擔任耶路撒冷總督。所羅巴伯監督第二聖殿（Second Temple）的起造，西元前五一六年竣工。耶路撒冷一直受波斯統治，直到西元前四世紀時成為亞歷山大帝國的一部分。

耶路撒冷持續受著希臘統治，直到反對外人干涉的馬加比家族（Maccabees）在西元前一六七年到一六〇年間起身反叛。他們重新在猶大地區建立主權，在猶太哈斯摩尼（Hasmonean）王朝統治的獨立王國裡，耶路撒冷成為首都。西元前六十三年，羅馬共和國（Roman Republic）入侵猶大地區，由將軍兼政治家龐培（Pompey，西元前106－48）領軍。一行人圍城攻打耶路撒冷，並將攻擊重點瞄準在聖殿山。龐培利用安息日將防禦壕溝填平，替自己的攻城武器鋪設前進坡道，深信居民們的宗教信仰會阻礙他們對抗。接著龐培一路踏進聖殿山，甚至踏上至聖所（這裡確實是極為神聖之處，今日許多猶太人因為擔心踩上至聖所，根本不會走上聖殿山）。羅馬勝利後，哈斯摩尼王朝以從屬王（client-kings）之姿統治，直到西元前三十七年被羅馬的親密盟友猶太官員希律（Herod，西元前73－74）推翻。那一年希律的部隊因為羅馬軍團馳援而功力大增，就此拿下耶路撒冷。希律接著啟動大規模整修聖殿山，過程長達八十年。

希律王聖殿（Herod's Temple）

希律王徹底改造了聖殿山，從擴大高地頂端的面積開始，將面積倍增到三十六英畝左右。接著，希律開始大幅整修聖殿本體。為了確保宗教儀式不受干擾，希律先在別處將石塊按尺寸切妥，如此一來石塊就能更安靜地嵌合。希律還將一千名祭司訓練成石匠及木匠，在聖殿至聖的處所上工。

猶大地區和耶路撒冷在西元六年時由羅馬直接統治。大約在西元三十年，一位名叫拿撒勒人耶穌（Jesus of Nazareth）的宗教導師開始傳道並吸收追隨者。當時羅馬和猶太子民之間關係十分緊張，耶穌被視為帝國權威的潛在威脅，即便清空了第二聖殿周邊兌錢商等商賈聚集的區域，這樣的作為也毫無幫助。耶穌因此在西元三十三年左右於耶路

撒冷被釘上十字架，命令來自羅馬總督。這並未阻止耶穌門徒們散布耶穌是人類救世主及上帝之子的訊息。起初大多數基督徒是猶大地區的猶太人，然而到了一世紀中期，其他社群及地區的人民開始改宗，基督教最後成長為全世界最多人追隨的信仰。

西元六十六年，一場反抗羅馬的叛亂，橫掃整個猶大地區。四年後，羅馬軍隊圍攻耶路撒冷，摧毀第二聖殿，只剩下一些護土牆、基礎、拱頂和塔的基座。第三聖殿不曾興建，不過許多猶太人一直衷心盼望達成這個神聖目標。西元一三〇年，羅馬在耶路撒冷原址建立一座殖民城市依麗亞城（Aelia Capitolina），並在聖殿山上為朱庇特（Jupiter）建造一座神廟。這項舉動惹怒許多猶太人，造成進一步的反抗。這些反抗遭擊潰後，猶太人被禁止進入耶路撒冷。西元三六三年，禁令在朱利安（Julian，331／2－363）統治下遭到推翻。身為羅馬最後一位異教皇帝，朱利安允許他的猶太子民們在聖殿山上築起一座小型猶太會堂，並且決定興建一座第三聖殿，按照他的計畫是要鼓勵其他非基督宗教。大火（或許還有基督徒的敵視）妨礙朱利安實現他的計畫，那年稍晚他便去世。

聖殿山與伊斯蘭教的連結，大約建立在西元六二〇年。據說當時先知穆罕默德（Prophet Muhammad，約570－632）在一夜之間完成了一趟神奇旅程，駕著名叫布拉克

（Buraq，意指「閃電」）的雙翼神獸，從麥加（Mecca）一路來到耶路撒冷。穆罕默德在聖殿山上遇見亞伯拉罕、摩西及耶穌，並於登霄之前帶領他們一起祈禱。因為這樣，穆斯林們以「尊貴的庇護所」（Haram al-Sharif）稱呼聖殿山。

穆罕默德離世後，阿拉伯哈里發國（Arab Caliphate）崛起，成為中東強權之一。西元六三八年，哈里發歐瑪爾（Caliph Umar，約584－644）進入耶路撒冷，結束拜占庭帝國對該城的控制。他親手清理已經破敗不堪的聖殿群，還將棄物與殘骸兜入斗篷帶走。歐瑪爾在聖殿山中央啟動圓頂清真寺（Dome of the Rock）的建造工程，這座聖殿代表亞伯拉罕的祭壇，亦是穆罕默德「夜行」（Night Journey）到達之處。圓頂清真寺於西元六九一年竣工，鄰近的一座禱告殿（prayer-house）鏈圓頂（Dome of the Chain）也是同年完工。聖殿山上最大的穆斯林建築，是西元七〇五年完工的阿克薩清真寺（al-Aqsa Mosque）。它曾在西元七四六年及一〇三三年兩度遭地震摧毀，不過每次均得重建。

聖殿騎士團（Knights Templar）

為了協防十字軍（Crusader）國家[1]及基督教朝聖者，聖地（Holy Land）[2]內有許多騎士團成立，其中勢力最大者就是聖殿騎士團，西元一一一九年時成軍於耶路撒冷，一直保有影響力直到一三一二年遭鎮壓。聖殿騎士團以阿克薩清真寺為總部，當時圓頂清真寺已經轉為一座教堂，原本的可蘭經銘文被拉丁文字取代，新月也換成了十字架。

西元一〇九五年，戰爭中的拜占庭遊說教宗烏爾班二世（Pope Urban II，約 1035－1099）協助對抗穆斯林塞爾柱土耳其人（Seljuq Turks），他們已經征服了巴勒斯坦和安納托利亞大部分地區。土耳其人的征戰已經阻斷基督徒前往聖地的朝聖路線，烏爾班二世因此號召忠誠教徒齊力對抗土耳其人。信眾在教宗的疾呼下集結，第一次十字軍東征（First Crusade）在西元一〇九六年出發。這群人沒有去解救拜占庭，反而挺進巴勒斯坦地區，在一〇九九年時拿下耶路撒冷，洗劫該城並屠殺數千人。勝利的十字軍眾之後在聖地建立自己的國家，其中最強大者就是耶路撒冷王國（Kingdom of Jerusalem）。

巴勒斯坦地區的穆斯林優勢是由薩拉丁（Saladin，1137／8－1193）重新建立。薩拉丁是一位庫德族軍人，西元一一七一年時確立了自己身為埃及統治者的地位。接著他在敘利亞、阿拉伯和美索不達米亞等地取得領土，之後才將目光轉向十字軍國家。西元一一八七年，薩拉丁拿下耶路撒冷，將十字軍領土縮減到只剩沿海一帶，最後十字軍在十三世紀末棄之而去。薩拉丁進入耶路撒冷後，將圓頂清真寺的十字架拆毀，在親族及貴族成員協力下以玫瑰水刷拭地板。儘管西元一二二九到一二四四年之間，耶路撒冷回歸基督教統治，之後耶城和巴勒斯坦其他地區留在穆斯林手中一直到二十世紀初期，並且在一五一七年成為鄂圖曼帝國（Ottoman Empire）的一部分。

耶路撒冷在第一次世界大戰時脫離了鄂圖曼帝國的控制。西元一九一七年秋冬時節，聯軍從埃及經西奈半島進入巴勒斯坦地區。無論聯軍或撤退的鄂圖曼及德國軍隊，都不想擔起破壞耶路撒冷的責任，因此當敗局已定，守城者在十二月八日晚上撤退。一戰過後，國際聯盟委託英國統治耶路撒冷及巴勒斯坦其他地區。這時數以千計的猶太人因為錫安主義（Zionism）鼓舞而定居巴勒斯坦地區。錫安主義運動以創建一個猶太國家為目標，回應幾世紀來不曾斷絕的替罪及迫害作為，一些作為甚至是極端暴力。例如帝俄境內的反猶騷亂（pogroms），即是劍指猶太人、由政府組織宣傳的致命暴亂。阿拉伯人及猶太人社群彼此關係緊張（衝突尤以誰能進入聖殿山為甚），導致暴亂和打鬥，以及與英國軍隊的小規模衝突。英方也無力阻止暴力升級。

巴塞爾市立賭場音樂廳（Stadtcasino Basel）

將錫安主義的宣揚推向全球規模的人是西奧多・赫茨爾（Theodor Herzl，1860 – 1904）。赫茨爾生於布達佩斯，在一八九七年八月二十九到三十一日間召集第一屆錫安主義者大會（First Zionist Congress）。大會於瑞士城市巴塞爾的市立賭場音樂廳舉辦，會中一致通過錫安主義的重要目標啟動宣言。錫安主義勢力漸增，猶太人開始返回巴勒斯坦地區定居。就在第一屆錫安主義者大會結束後半世紀，以色列國建立。

隨著英國託管於一九四七年終止，聯合國宣揚一項巴勒斯坦地區的分治計畫，建議以國際城市的方式治理耶路撒冷，不過從未實行。一九四八年，以色列宣布建國，其與阿拉伯鄰國間的戰爭隨之爆發。敵對情勢在隔年稍歇，停戰協定立下以色列的疆界，並讓約旦管理東耶路撒冷（East Jerusalem），其中包括聖殿山。這樣的局勢持續到一九六七年六日戰爭（Six-Day War）時，以色列部隊拿下耶路撒冷，舉國歡騰。不過，聖殿山的宗教建物依然屬於約旦的「伊斯蘭宗教財產委員會」（waqf）所有，由對方管制進出。猶太人可以參觀，但不允許在那裡禱告。倒是猶太人獲准在西牆（Western Wall）聚集舉行宗教儀式。西牆沿聖殿山一側興建，是希律王建造的大型護土牆的殘跡。除此之外，聖殿山依然是緊張關係的淵藪，是巴勒斯坦人和以色列人衝突一觸即發之處。

波斯城阿帕達納宮（The Apadana at Parsa）

阿契美尼德王朝取名自王朝的傳奇創立者阿契美尼斯（Achaemenes），全盛時期帝國統治疆域遼闊，橫跨多個地區，是當時所見全世界最大的帝國。波斯城是帝國的儀式首都（ceremonial capital），古希臘人稱為波斯波利斯（Persepolis）。

截至西元前一千年，印歐人部落已經從中亞擴散至中東，並且定居在歐洲、安納托利亞及印度等地，當中包括米提人（Medes）及波斯人等族群，遷移到今日的伊朗。此時亞述人已經取代巴比倫人成為該地區的強權。亞述帝國經歷一連串內戰及造反後，在西元前六一二年垮台，而被中興的巴比倫人取代。大約在西元前五五八年，居魯士二世（Cyrus II，約西元前 600 – 530）繼承父位成為波斯王，不過首先他得承認米提人是其領主。居魯士二世反叛米提人，在西元前五四八年控制伊朗全境，接著從安納托利亞到阿富汗展開一連串軍事行動。西元前五三九年，居魯士二世擊潰巴比倫人，宣稱自己是「巴比倫之王，蘇美及阿卡德之王，五湖四海之王」。西元前五三〇年，居魯士大帝在帝國北境對抗游牧入侵者時身亡，其子岡比西斯二世（Cambyses II，西元前五二二年逝）繼位。岡比西斯在西元前五二五年時征服了埃及。

西元前五二一年，岡比西斯女婿大流士一世（Darius I，西元前 550 – 486）即位，在其治下波斯帝國達至巔峰，領土延伸超過三千公里，從黑海西岸一路到印度河。廣袤的疆域被分成幾個行政區域稱作省（satrapy），由稱作省長（satrap）的官員掌理監督賦稅、公共秩序及審判事務。大流士一世以改善全國道路及統一貨幣、度量衡著稱於世，同時尊重在地風俗，鼓勵宗教及文化寬容，在集中及分權管理間取得平衡，這些功績使他贏得「大帝」（the Great）的稱號。大流士的帝國野心伸進安納托利亞，使他捲入與希臘城邦的衝突。希臘城邦在安納托利亞有好幾個殖民地。為免夜長夢多，西元前四九二年，大流士一世入侵希臘。不過，西元前四九〇年馬拉松戰役（Battle of Marathon）敗陣後，波斯軍被迫撤退。十年後，波斯第二次意圖征服希臘（規模大出許多），也是以挫敗收場。

溫泉關（Thermopylae）

西元前四八〇年，薛西斯一世（Xerxes I，西元前 519－465）率領約二十五萬人入侵希臘。七千名希臘人在溫泉關埡口與敵軍對峙，一星期後才潰敗。雖然波斯人隨後繼續往南前進，不過溫泉關的犧牲讓希臘人得以重新整軍。一個月後，雅典人率領的海軍艦隊在薩拉米斯戰役（Battle of Salamis）中擊潰波斯艦隊。薛西斯隨著大批軍隊撤回亞洲，留下來的波斯軍也在隔年遭希臘人擊潰。

阿契美尼德的統治者在好幾座首都設有夏季行宮，包括巴比倫、蘇薩（Susa）、帕薩爾加德（Pasargadae，西元前五四五年由居魯士二世設立）及埃克巴坦那（Ecbatana）。阿契美尼德王朝的精神首都是波斯城。波斯城坐落於伊朗南部，與其他首都相距遙遠，是大多數行政機關所在地。波斯城由許多紀念建築和王室宅第組成，代表著阿契美尼德帝國的宏偉規模。建城的第一階段工程大約是在西元前五二〇年到四八〇年間展開，就在大流士一世和其子暨繼位者薛西斯一世治下。經過十三年的中斷，薛西斯重啟工程，並在西元前四五〇年左右，由其子暨繼位者阿塔薛西斯一世（Artaxerxes I，西元前四二四年亡）完成。波斯城建於一座山的支脈，所處的岩石台地高出周圍平原十二公尺。經由兩側巨大階梯可以抵達台地上方，階梯足供馬匹登上。階梯頂端是「萬國門」（Gate of All Lands），通過這些十二公尺高的木門後，會出現許多建築，全都是由鄰近山區切下的石塊砌成，包括一個王座大廳（throne hall）、寶物庫、議事廳、後宮及王宮。

波斯城中最令人印象深刻的建築，就是阿帕達納宮（Apadana）。阿帕達納宮是一座三六六〇平方公尺的謁見廳，屋頂由六排二十一公尺高的柱子支撐，一排有六支，柱子頂端有雙頭公牛、獅子或老鷹雕刻。往阿帕達納宮的階梯一旁刻有行進中的貴族、官員及王室侍衛，另刻有二十三個遙遠臣屬國代表身穿當地服飾前來朝貢，最遠到達衣索比亞及印度。每年波斯元旦（每年春分之時）都有這樣的朝貢隊伍，不過不知道是各國代表真的來到波斯城，還是由各地出生服役於帝國軍隊的軍人執行朝貢儀式。阿帕達納宮足以容納一萬人，不過成排的柱子及採光不足，讓國王遠不可見。或許這是個故意的決定，為了保持國王的遙不可及。的確，縱觀整座波斯城，阿契美尼德各國王被描述成半人半神的英雄，是帝國的化身，也是各臣屬國朝貢及效忠的對象。

西元前三三〇年，勢力日衰的阿契美尼德帝國，終於落入亞歷山大大帝的侵略軍手中。就在那年，拿下巴比倫和蘇薩後的亞歷山大繼續朝波斯城挺進。儘管全城和平地向亞歷山大投降，他還是任由手下盡情劫掠。一行人攫出價值十二萬塔蘭同（talent）[3]的黃金、白銀和其他財寶，戰利品重逾一百二十萬公斤，需要一萬頭騾子及五百隻駱駝才搬得走。亞歷山大之後火燒波斯城，懲罰一百五十年前阿契美尼德人入侵希臘時施加的破壞。諷刺的是大量碎片及塵土替考古學家保留了斷垣殘壁（一八七八年考古發掘正式展開），阻止人類將石塊取走作為別處的建築材料。起初波斯城維持著省治的地位，但在塞琉古帝國（塞琉古王朝由亞歷山大麾下一位將軍創建，西元前六十三年之前，統治疆域達到阿契美尼德王朝原有的大部分領土）治下步入衰微，萎縮成昔日光輝的殘影。

雅典衛城（The Acropolis of Athens）

少有地方的深厚歷史能夠媲美雅典這座城市，它是古希臘文化巔峰的象徵。從雅典建城至今，一直俯瞰這座城市的就是衛城。

自西元前兩千兩百年起，印歐民族遷徙至希臘，建立起部落君主制和防禦工事聚落，其中最重要者就是邁錫尼（Mycenae）及其文明。西元前一二五〇年到西元前一一〇〇年，邁錫尼文明由於外患、內戰及天災而衰落，直到西元前八百年，希臘才恢復穩定。當時人稱 poleis（單數為 polis）的希臘城邦於是開始興起，其中最知名者就是雅典。

雅典是邁錫尼文明的中心，從西元前十三世紀開始就是衛城的所在地。「衛城」希臘語意為「最高之城」，是一座建於高地上的圍牆王宮群，但如今只剩柱體底座和一些台階。雅典衛城身處七十公尺高的山丘頂端，占地七英畝，是日後周圍市街發展的核心。西元前七世紀時，雅典勢力漸長，日益繁榮，得以控制鄰近地區阿堤卡（Attica）。西元前五九四年，為了防止貧富間的緊張關係，情勢遂升級成內戰，雅典

人採行一套民主憲法，讓所有自由男性可以參與公共事務的討論及決策（儘管這套制度讓較富有的公民擁有更多勢力）。隨著雅典擴張，城市外圍築起了新牆，衛城因此不再像以往具有防禦功能，而變得比較像是供奉雅典守護神雅典娜（Athena）的儀式處所。西元前六世紀時，獻給雅典娜的紀念神廟就建於此。

衛城成為神聖之地，不能有出生或死亡在此發生，最近有過房事之人，進城前必須經過淨身儀式。犬隻及山羊不准靠近衛城，因為牠們有可能隨地大小便。衛城存有一座雅典娜雕像，年代久遠到雅典人都不知道從何而來。有些人相信雅典娜雕像來自天上，有些人則認為雕像是雅典一位傳奇王者雕刻而成。真人尺寸的橄欖木製雕像，每隔四年就會換上女祭司用番紅花染製的新羊毛袍。到了五世紀初期，雅典娜雕像因年久失修而損毀。

雅典及其他希臘城邦都有活躍的境外活動及貿易，並在地中海各地建立殖民地，這些舉動讓希臘與波斯帝國在安納托利亞起衝突。西元前四九〇年時，波斯帝國入侵希臘，雅典以結盟其他城邦作為回應，其中最重要者就是曾經擊退波斯人的斯巴達（Sparta）。那一年，衛城上頭陳年的雅典娜神廟遭摧毀，新廟建設工程才要展開。西元前四八〇年，希臘與波斯戰事再起，而新廟尚未完工。波斯人迅速劫掠雅典、摧毀衛城、火燒建物、破壞聖物，並將貴重金屬帶走熔毀（雅典娜木像在此之前就已被偷偷運走）。隔年，雅典各首領在普拉提亞戰役（Battle of Plataea）前誓言擊潰波斯人後再來重建衛城。希臘聯盟之後大獲全勝，波斯人被迫撤退，不過雅典人想要持續戰事，確保波斯人不會再干涉自家事務。此舉讓雅典與斯巴達等渴求和平的聯盟各邦相對立。雅典與想法一致的城邦組成提洛同盟（Delian League），繼續與波斯對戰。

另外一次衝突是在西元前四六〇年展開，原為盟國的希臘各城邦關係陷入緊張，導致提洛同盟與伯羅奔尼撒同盟（Peloponnesian League）之間的交戰。經過數十年對抗，雅典與波斯在西元前四四九年談和，與伯羅奔尼撒同盟在西元前四四五年談和。就在這時，衛城的重建工作如火如荼展開。重建衛城屬於城市重建計畫的一部分，計畫由西元前四六一年起領導雅典的政治家伯里克里斯（Pericles）主導。衛城新建物中最先竣工的就是帕德嫩神殿（Parthenon），於西元前四三二年落成，以四十六柱的圍柱列式建築（peristyle）[4]聞名於世。帕德嫩神殿取代了損毀的雅典娜神廟，同時作為提洛同盟的財政部，以及雅典極貴重禮器的儲藏所。伯里克里斯也投入山門（Propylaea）的建造，山門就是管控衛城進出的巨大入口。

雅典學院（Platonic Academy）

雅典最偉大深遠的影響，或許就來自當地哲學家。哲學家們影響如此遠大，原因之一就是建立了學院。其中最重要的是由蘇格拉底（Socrates，西元前 470－399）的弟子柏拉圖（Plato，西元前 428／7－348／7）所創。西元前三八八年，柏拉圖在雅典城外一處聖林（sacred grove）[5]創立一所學校，一直運作到西元前八十六年羅馬軍隊劫掠雅典。

雅典與伯羅奔尼撒同盟的戰爭，於西元前四三一年時再起。斯巴達入侵阿提卡，迫使雅典人在周圍鄉間遭摧毀時，只能守在自己的城牆內庇護。伯里克里斯因為未與敵軍開戰而飽受批評，西元前四二九年時，他死於一場奪去近半城民性命的瘟疫。儘管瘟疫肆虐，斯巴達和其盟軍仍然無法衝破雅典城牆。歷經瘟疫和戰爭，衛城的工事持續進行。西元前四二〇年，勝利女神神廟（Temple of Athena Nike）建成，獻給勝利女神的化身女神耐奇（Nike）。衛城眾廟之壓軸就是艾瑞克提恩神廟（Erechtheum），完工於西元前四〇六年，獻給雅典娜和波賽頓（Poseidon）。兩年後雅典敗下陣來，徒留斯巴達成為希臘的主要勢力。

雅典從未恢復西元前五世紀時享有的影響力。西元前四世紀中期，雅典落入一方之霸馬其頓（Macedon）手中。馬其頓也取代斯巴達，成為希臘的領導勢力。下個支配雅典的勢力是羅馬，在西元前一四六年時征服希臘。羅馬的影響波及衛城是在西元前十九年左右，羅馬人將一座小型的圓形神殿建在帕德嫩神殿前方，獻給羅馬及奧古斯都大帝（Emperor Augustus，西元前 63 – 西元後 14）。十五世紀中期，鄂圖曼帝國征服希臘後，衛城成為土耳其戍衛隊的駐所，原本作為教堂的帕德嫩神殿則轉為一座清真寺，之後又成為彈藥庫。彈藥庫的身分讓衛城在一六八七年時遭受嚴重破壞，當時威尼斯包圍雅典，其中一顆砲彈就擊中了這座建築，引起大爆炸。

經歷數年與鄂圖曼帝國的戰事，一八三二年希臘正式獲得獨立。雅典成為希臘的首都，衛城中所有土耳其文物全數清除。數十年後，衛城恢復成為古希臘文明黃金時代的國家驕傲象徵。

孔子世家

西元前六世紀到五世紀，中國深受內部衝突所擾，地方首領質疑王室權威，為求主導而相互爭鬥。混亂時代迫使學者們思考如何建立秩序，其中最負盛名者就是孔夫子（西元前 551 – 479），也就是西方世界熟悉的孔子，日後成為世界歷史上最具影響力的哲學家之一。

孔子生在今日中國北部的魯國，就在首都曲阜市郊。他的出身背景並不顯赫，家族是所謂的士階層，階級僅在平民之上。孔子年輕時即加入魯國公卿地方首領的行政團隊，從下級官吏做起，一路爬升至大司寇。儘管孔子是一位學富五車且道德正直的人，魯國公卿依然忽視孔子所提的改革良策，使得他有志難伸。抑鬱之際，孔子在年過半百時卸任，離開家鄉曲阜，出發尋找願意傾聽建言的首領。孔子花費十二餘年遊歷中國各地，仍然無法覓得高階職位及用武之地。於是，西元前四八四年，孔子返回魯國，日後不是因為政治家的身分出名，而是以教師及哲學家的身分聞名。

旅居各地時已經擁有一些弟子的孔子，回到曲阜後在家鄉興學，以訓練更具美德的新一代政治領導人及公民為目標教導學生。孔子有教無類，無論學生的出身為何，貧富皆歡迎。孔子教導時並不強迫學生死記硬背，而是藉由討論與辯論學習，最在意的是學生展現出高道德標準，並且實踐良善的責任政治。孔子教導學生要學會欣賞詩及音樂，因為熟習這些文藝是有教養者的標記。他也強調學習歷史，這樣人們才能效法古聖先賢的智慧。孔子逝於西元前四七九年，此時夫子在全中國已有數百位弟子，其中許多創立了自己的學派。病逝之前，孔子輕聲斥責學子們勿以他為偉人而隨侍在側，提醒他們自己只想要一場簡單的葬禮。

孔子死後，他在曲阜的三室雅居，成為一群宗廟建築的根據地，一九九四年時入選聯合國教科文組織訂定的世界遺產。幾世紀以來，宗廟建築群已經包含好幾棟建築和數百間居室。建築群雕梁畫棟，時有帝王參訪追思孔子。西元七世紀時，孔子居住的房室被移至鄰近地點，後代持續在那裡居住。之後重建成大規模住宅區，擁有許多座建築（至今尚存一五二座），如今占地七公頃，收藏了豐富的歷史文物及文件。孔子的墓地在家一旁，如今是墓園的一部分，墓園裡還有數千後代長眠於此。墓園四周群樹環繞，許多可以追溯至古時孔子死後學生們為其守墓，從自家攜樹前來植於此地。

隨著先師離世，過往的孔子學生將夫子的至理名言，以及幾位主要門生的教誨集結成冊，即是所知的《論語》，為世界歷史上最重要的哲學著作之一。孔學極為實用，聚焦於如何規範人際關係及社會整體。孔子相信藉由有修養且正直的君子執政，可以達成這些規範。他相信人經過教育後能夠依仁善而行，尊敬自己的祖先和父母。

秦始皇陵

統一戰亂中國各諸侯國的人是秦王嬴政（西元前 259 – 210）。西元前二二一年，擊敗六個諸侯國的嬴政宣布自己是中國的皇帝，並自稱「始皇帝」。秦始皇建立中央集權政體，統一法制，推行新的通用文字，並鼓勵使用貨幣。

秦始皇的一項偉大功績，就是將北方抵禦部族入侵的城牆連接起來，打造出中國長城的基礎。秦代城牆遺留至今的甚少，今日的防禦城牆大多只可追溯到明朝（一三六八到一六四四年）。秦始皇死於汞中毒，他原本盼望食用該物可以長生不老，之後葬在西安市郊一處大型地下陵墓，有全副武裝的兵卒陶俑陪葬，還有馬、馬車、官僚、僕役及俳優俑等。

秦陵原先一直一直未受打擾，直到一九七四年工人掘井時發現了陶土碎片，才展開考古發掘讓陵墓出土。

草上之風，必偃。西元前二世紀到前一世紀，孔學日益興盛，信條受到帝王及其政府擁戴，成為主要的政治和社會思想。孔子死後即便過了數個世紀，他的哲學思想仍然居於主流，在中國、韓國、日本及越南都具有高度影響力。

菩提伽耶的菩提樹（The Bodhi Tree in Bodh Gaya）

悉達多・喬達摩[6]喚起佛教信仰，使之成為世界上最大的宗教之一。他發跡於西元前六世紀或前四世紀，在菩提樹下沉思得道後，於印度北方傳道。

悉達多・喬達摩生於印度次大陸東北部，可能是今日尼泊爾境內的藍毗尼（Lumbini）。他出身自富裕的印度王室家族，母親在他出生後一星期死去，父親努力為他抵禦外面世界的殘酷。悉達多二十九歲前都住在高牆圍繞的皇宮群內，且在十六歲時娶了一位名叫耶輸陀羅（Yaśodharā）的公主，相傳兩人育有一子羅侯羅（Rāhula）。離開皇宮出外冒險後，悉達多的人生開始轉變。他遇見一位老者、一位病人和一具屍體，領悟到人存在於世間本有的苦難。他還撞見一位苦行僧，受其激勵而放棄奢侈生活，與另外五位苦行僧一同出發。一行人走遍鄉間，過著極度禁慾的生活，悉達多因此變得消瘦。

六年後，悉達多坐在尼連禪河畔（Lilajan River，位於印度東北，今日的比哈爾邦〔Bihar〕內）的菩提樹下（稱為 Ficus religiosa 的物種，以心狀葉片為特徵），領悟

到目前的生活方式無法幫助他獲得精神滿足。他從一位名叫蘇嘉塔（Sujata）的當地村女手中接來一碗乳糜，並讓他的同伴們離開他。獨自一人的悉達多吃著乳糜，決心留在菩提樹下，直到悟道為止。名叫波旬（Mara）的惡魔身為慾望之神，攻擊並誘惑悉達多，意圖阻撓他禪修，不過並未得逞。經過數日沉思，悉達多終於得道。他體會到人能夠獲得涅槃，得以脫離生死輪迴，因此成為了佛陀（即「覺者」〔Awakened One〕）。

佛陀待在菩提樹下七週，反省他的過往經驗。之後他與先前的同伴會合，在瓦拉納西市（Varanasi）附近的鹿野苑（Deer Park in Sarnath）初次向同伴們傳道。他們成為佛陀最初的五位弟子。佛陀的中心教誨是四聖諦（Four Noble Truths），即生活有苦（苦諦）、苦有因（集諦）、苦可除（滅諦）、以八正道除苦（道諦，八正道即正見、正思惟、正語、正業、正命、正精進、正念、正定）。佛陀重拾旅程，大部分是在恆河平原（Ganges Plain）一帶，傳道並收徒逾四十年。依循佛陀的建議，弟子們組成僧伽（sanghas，僧人團體），在早期傳教過程中扮演重要角色。與其他宗教不同的是婦女可以加入僧伽，也能夠達到涅槃。悉達多還跨越了種族階級線，向所有人講道。約在八十歲時，佛陀離世入涅槃。

佛教轉變成為世界宗教，關鍵人物首推孔雀帝國（Maurya Empire）的統治者阿育王（Emperor Ashoka，死於西元前二三二年左右）。孔雀帝國的領土最終幾乎涵蓋整個印度次大陸。阿育王並非生來即是佛教徒，事實上，他的早年生活以暴力和殺戮為主。他在經歷一場長達四年的繼位爭鬥後，於西元前二六八年左右即位。據說阿育王殺了九十九位手足，只留下一位活口。約西元前二六二年，阿育王對印度東岸敵國羯陵伽（Kalinga）王國的戰事告捷，血腥的戰爭讓阿育王覺醒而轉向信仰佛教。起初阿育王並沒有積極追隨這個新信仰的宗教，他的許多「石刻詔令」（帝國各地一系列三十餘座石刻銘文）詳細記載最初他依佛陀教誨而行的自我掙扎。阿育王傾全力支持佛教，嘗試團結不同僧伽，興建數千座寺院及佛塔（納有遺骨的紀念建築），並且贊助遠在斯里蘭卡及緬甸的傳教者。儘管阿育王改變信仰，他卻從未強迫臣屬國人民信仰佛教。帝國各地擁有信仰自由，唯一要求是要過和平且道德的生活。阿育王死後，孔雀帝國在外患和內戰下分崩離析，西元前一八五年時瓦解。

佛陀得道之處和菩提樹本身很快成為朝聖的聖地。西元前三世紀，阿育王在附近建造摩訶菩提寺（Mahabodhi Temple），並在菩提樹旁建造一個稱作金剛座（Vajrasana，或稱 Diamond Throne）的平台，據說就是佛陀禪坐之處。現在的佛寺群，在二〇〇二年時被聯合國教科文組織訂定為世界遺產，當中最古老的建築可以追溯至西元五世紀。十四世紀後，這裡也成為印度教徒的朝聖地，從此印度教徒和佛教徒誰得以進入此處爭議不斷。

幾世紀來，菩提樹數次遭砍，不過次次都奇蹟似地恢復生長。今日仍然有一株菩提樹立於摩訶菩提寺，或許就是佛陀禪坐於其下的菩提樹後代。菩提樹種子和樹枝切塊被用來製成珍藏的佛珠，新苗也被移至他處種植。其中一顆新苗甚至遠赴斯里蘭卡，由阿育王的女兒獻給那裡的國王，在西元前二八八年時植於阿努拉德普勒（Anuradhapura）。這株樹名為闍耶室利摩訶菩提（Jaya Sri Maha Bodhi），據信是現存人類所植最早的一棵樹，已經成為聖物。

佛陀教誨經典、所謂的《三藏》（*Tripitaka*），是在佛陀圓寂後結集，並在二世紀後才編寫成冊。舉辦結集活動是為了定義佛陀教誨並釋疑教訓。佛教歷經幾個世代成長，期間數度分裂，在亞洲各地有不同分支成立。而佛教對於其他宗教信仰也有重要影響，像是儒教及神道教。

亞歷山卓圖書館（The Library of Alexandria）

亞歷山卓是古代世界最宏偉的城市之一，學習重鎮的地位無可比擬。城內學術生活的重心就是偉大的圖書館，懷著集結全世界書籍的壯志成立。

希達斯皮斯河及希法希斯河（The Hydaspes and Hyphasis Rivers）

西元前三二六年，亞歷山大挺進戰士國王波羅斯（Porus）統治的旁遮普（Punjab）地區。兩軍在希達斯皮斯河（今傑倫河〔Jhelum〕）短兵相接。亞歷山大打了勝仗，進一步想征服北印度其他地區，不過他的馬其頓老兵走到希法希斯河（現今的比亞斯河〔Beas〕）之後，就不願意再前進。儘管戰事告捷，亞歷山大已經到了征服的極限。

腓力二世（Philip II of Macedon，西元前 382 – 336）將馬其頓從小型王國轉變成希臘地區獨霸一方的勢力，卻在西元前三三六年遇刺。腓力二世的繼承者、其子亞歷山大先是鞏固自己在希臘的統治，再將注意力轉向執有中亞、中東及北非地區的阿契美尼德波斯帝國。西元前三三四年，亞歷山大領軍越過達達尼爾海峽（Dardanelles），征服安納托利亞及敘利亞。他的下一個目標是埃及。西元前三三二年，不滿阿契美尼德統治的埃及人民，非常歡迎解放者亞歷山大的到來。地方官員和百姓向亞歷山大投降，並加冕他為法老。在埃及過冬的亞歷山大航行於尼羅河三角洲時，遇見一處適合發展為城市的地方。該處成為亞歷山大建立的二十餘處殖民地之首，並且依其姓名取名亞歷山卓。亞歷山大對亞歷山卓的建設極為熱中，在建築顧問狄諾克拉底（Deinocrates of Rhodes）的協助下，規畫好廣場（agora）、廟宇及城牆的所在。

亞歷山卓地理位置優越，身處尼羅河三角洲西側一處天然港灣上，與地中海各地和埃及其他地區交流無礙。亞歷山大並非該地的第一位伯樂，之前埃及即已將該地闢為居地，稱為洛寇提斯（Rhacotis）。西元前三三一年，亞歷山大離開埃及，入侵美索不達米亞平原，接下來四年讓阿契美尼德人承受一連串失敗而遭推翻，亞歷山大因而掌控阿契美尼德帝國。他將埃及交給當地官員治理，不過許多希臘官員還是緊緊盯著。棋盤式

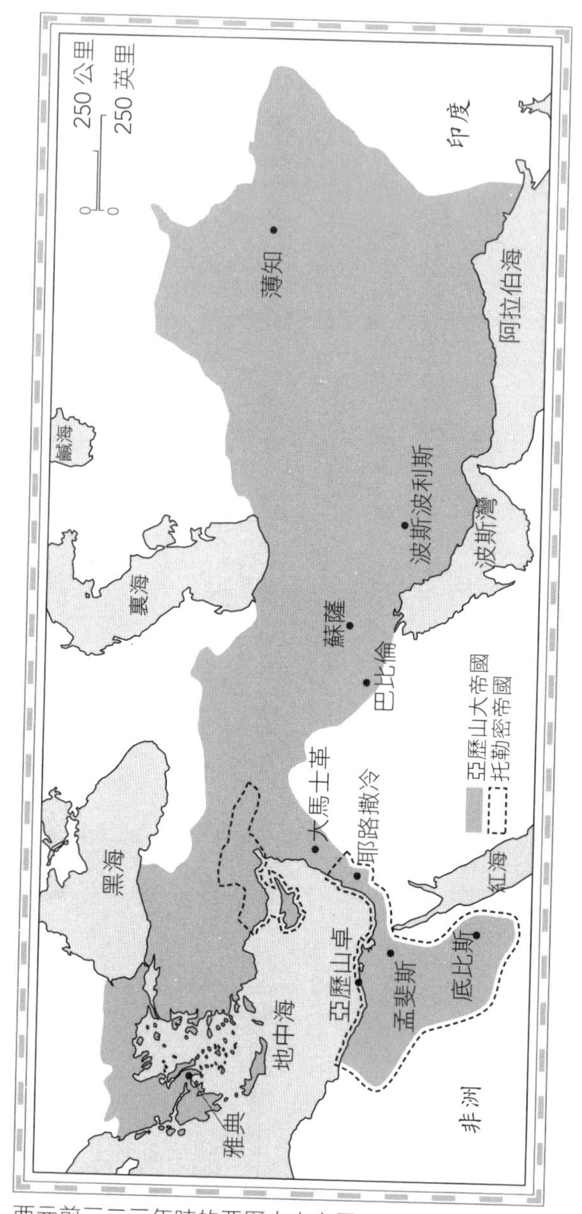

西元前三二三年時的亞歷山大帝國

規畫的亞歷山卓已經開始成形，居民中希臘人最多，也有埃及人和猶太人。

以「大帝」之名留名青史的亞歷山大，西元前三二三年死於巴比倫。他一直沒能立下穩固的繼承計畫，帝國也在各將軍引發的內戰中分裂。其中一位將軍，亞歷山大的好友托勒密（Ptolemy，約西元前 367 – 282）掌控埃及，最終以埃及國王自居。托勒密將亞歷山卓設為首都，他的後代在這裡統治埃及近三個世紀。托勒密的軍隊攔下返回馬其頓的送葬隊伍，將亞歷山大的陵墓設在亞歷山卓，使亞歷山卓名氣更增。托勒密為這座城市所做的最偉大計畫，是建立一座亞歷山卓博物館（Mouseion）獻給繆思（Muses），這九位女神喚起了藝術、文學及科學的創造力和鑽研風氣。亞歷山卓博物館裡不只容納一座神廟，還有花園、動物園及觀星台，其中最出名的特色機構就是圖書館。

托勒密死於西元前二八二年，由其子托勒密二世（Ptolemy II，西元前 308／9 – 246）繼承王位，監督博物館和圖書館的竣工。托勒密二世還完成了宏偉的亞歷山卓燈塔（Lighthouse of Alexandria）工程，燈塔建於法洛斯島（Pharos）離岸處，塔高逾一〇六公尺。

安東尼與克莉奧佩特拉（Antony and Cleopatra）

凱撒（Caesar）在西元前四十四年遭刺殺，與凱撒指揮官馬克・安東尼（西元前 83 – 30）有染的克莉奧佩特拉繼任埃及統治者，並且嫁給了安東尼。西元前三十二年，埃及因為馬克・安東尼與凱撒甥孫及繼承人屋大維（Octavian，西元前 63 – 西元後 14）而陷入內戰。屋大維的軍隊入侵埃及，迫使安東尼在西元前三十年時自殺。其後屋大維進占亞歷山卓，活擒戰爭期間一直留在這裡的克莉奧佩特拉。聽聞自己將被送到羅馬遊街示眾，克莉奧佩特拉選擇自殺逃離此命運。屋大維以奧古斯都（Augustus）之名，在西元前二十七年成為首位羅馬皇帝。

亞歷山卓博物館受到托勒密王朝各國王大力資助，他們極力支持對智識的追求。博物館擁有一個四十人左右的學者團體，由館方提供食宿，並且免除他們的稅負，讓他們研究所學還能獲得薪水，不過同時也要公開講課教學。受到王室保護及資助，意謂這些亞歷山卓學者享有高度的學術自由。亞歷山卓在詩歌及文學方面落後其他希臘城市，不過在科學，尤其是醫藥、數學、力學和天文學等方面的研究卻遙遙領先。古代最偉大的科學家之一阿基米德（Archimedes of Syracuse，約西元前 287 – 212）、數學家歐幾里得（Euclid，活躍於西元前三〇〇年左右）和天文學家阿里斯塔克斯（Aristarchus of Samos，約西元前 310 – 230 左右）可能曾在圖書館裡工作，其中阿里斯塔克斯比波蘭人哥白尼（Nicolaus Copernicus，西元前 1473 – 1543）早一千八百年提出太陽系日心說。

圖書館由一位王室指派的官員監督，並從希臘、埃及和美索不達米亞等地蒐集書籍資料。托勒密國王熱中於確保館藏完整，所有在亞歷山卓停泊的船隻都要接受貨物盤檢，確認是否有未收入圖書館的作品，若有就會拿去複印。其餘作品則由王室在雅典、羅德島（Rhodes）等地的代理人採購，費用不是問題。當托勒密三世（Ptolemy III，約西元前 280 – 222）寫信要求其他政府提供書籍以複印，雅典便會送來許多重要書籍資料，圖書館於是把原本扣留，儘管這表示國王的十五塔蘭同（大約等同於一五〇公斤重的白銀）保證金會被沒收。

截至西元前三世紀中期，圖書館裡藏有約四十九萬卷書，其中逾五分之四載有一部作品以上的內文。此外，有超過四萬部作品藏於祭拜塞拉匹斯（Serapis）的神廟塞拉潘

（Serapeum）。塞拉匹斯是一位希臘及埃及神祇，也是亞歷山卓的守護神。

亞歷山卓的海佩蒂亞（Hypatia of Alexandria）

最後一位知名的亞歷山卓博物館成員，是專攻數學及天文學的席恩（Theon，約 335－405）。席恩的女兒海佩蒂亞（約 350－415）是當時最偉大的天文學家暨數學家，她在自己的哲學學校（philosophical school）教書。身為一位異教徒，海佩蒂亞成為被仇恨的目標。西元四一五年，她遭到一幫基督教狂熱分子攻擊，被殘忍地殺害。海佩蒂亞的慘死，象徵著亞歷山卓從全世界的學術聖地中遜位。

到了西元前二世紀末，亞歷山卓圖書館已經名氣盡失，專注於看守館藏而不像是新觀念孕育之地。與此相映的是托勒密王朝隨著羅馬共和勢力不斷凌駕而衰退。當托勒密十三世（Ptolemy XIII，約西元前 62－47）和其姊克莉奧佩特拉七世（Cleopatra VII，西元前 69－30）在西元前四十八年展開王位繼承戰爭，尤利烏斯・凱撒（Gaius Julius Caesar，西元前 100－44）成為羅馬介入的代表。凱撒自己身處與共和政敵的內戰之中，因為凱撒的政敵人為他的勢力已經過於龐大。

凱撒來到埃及，是為了追擊龐培（Pompey，西元前 106－48）。龐培原是凱撒好友，但已經變成凱撒的眼中釘。龐培試圖向托勒密十三世尋求庇護，不過托勒密十三世殺了他的客人，相信這麼做能夠取悅並獲得凱撒的支持。不過事與願違，凱撒對過往盟友的死亡感到心碎。克莉奧佩特拉對凱撒的求情更為成功，與凱撒邂逅之後，兩人成為情人。托勒密十三世的軍隊在亞歷山卓圍城戰（Siege of Alexandria）一役中遭凱撒擊敗，克莉奧佩特拉因此奪得王位。圖書館也為此付出了代價，當凱撒的士兵為了阻擋敵軍補給而在碼頭縱火，火勢意外延燒到了圖書館，導致建築部分燒毀，喪失四萬餘卷書籍。凱撒重建了圖書館並充實館藏，從安納托利亞城市帕加馬（Pergamum）的圖書館取走二十萬部作品，作為給克莉奧佩特拉的贈禮。

奧古斯都執政時，埃及成為羅馬帝國的行省，亞歷山卓依舊是一座富裕的貿易城市。圖書館日漸沒落，西元二一五年卡拉卡拉皇帝（Emperor Caracalla，188－217）殘

暴地劫掠亞歷山卓，以此報復批評他的當地市民，結果嚴重破壞了圖書館。西元三九〇年到四〇〇年間，迪奧多西一世皇帝（Emperor Theodosius I，347－395）宣布基督教成為羅馬帝國的國教，之後發起焚燒「異教」著作的行動，導致圖書館館藏大量損毀。等到西元六四二年阿拉伯帝國（Arab Empire）征服亞歷山卓，圖書館已是過往光輝的殘影，沒有什麼藏書留下。二〇〇二年成立的摩登博物館複合建築亞歷山卓圖書館（Bibliotheca Alexandrina），就是為了紀念那一座古代機構和學習精神。

羅馬萬神殿（The Pantheon of Rome）

西元一一七年圖拉真（Trajan，西元 53 – 117）在位時，羅馬帝國規模達至巔峰。繼位者哈德良（Hadrian，西元 76 – 138）監督萬神殿的重建，這是現存最雄偉的羅馬精緻建築之一。

據傳羅馬是在西元前七五三年由羅慕路斯（Romulus）所建，羅慕路斯也成為羅馬首位國王。事實上，羅馬建城時間更早，大約是在西元前十世紀。羅馬由國王統治一直到西元前五〇九年，當時公民領袖們群起反抗，廢除君主政體建立共和政府。羅馬共和嚴格來說並不民主，只有自由的男性公民能夠投票，而且制度讓富裕者更具勢力。從西元前五世紀到西元前三世紀，羅馬成為義大利的主要強權。之後羅馬與迦太基帝國（Carthaginian Empire）展開一連串軍事衝突。

迦太基帝國崛起自腓尼基（Phoenicia）一處貿易殖民地，地近今日的突尼斯（Tunis）。帝國統治北非大半、西班牙南部、科西嘉島（Corsica）、薩丁尼亞島（Sardinia）和西西里島（Sicily）。第一次布匿克戰爭在西元前二六四年爆發（First Punic War，名稱來自迦太基的拉丁語布匿克〔Punicus〕。迦太基源自「腓尼基」一詞）。羅馬整備海軍實力迎戰迦太基，西元前二四一年時擊敗對方，攫取西西里島。三年後，羅馬併吞科西嘉島和薩丁尼亞島。

第二次布匿克戰爭在西元前二一八年時展開，迦太基大將漢尼拔・巴卡（Hannibal Barca，西元前 247 – 183 / 1）借道阿爾卑斯山入侵義大利。儘管漢尼拔在重大傷亡下贏得幾場勝利，他還是無法奪得羅馬。西元前二〇二年，漢尼拔被迫撤師回鄉，與入侵北非的羅馬軍隊正面對決。他在迦太基西南一二九公里處的札馬戰役（Battle of Zama）中被擊敗。這場戰役標示迦太基勢力的終結，迦太基已經失去西班牙領土，而且必須支付巨額賠償。漢尼拔被迫流放，在某位地方國王改變心意要將他交給羅馬後自殺，死於安納托利亞。第三次布匿克戰爭（西元前 149 – 146）則眼見羅馬奪下並摧毀迦太基，奴役其人民且併吞其餘領土。羅馬大勝迦太基後，隨之而來的是征服希臘、安納托利亞和敘利亞。

西元前一世紀，羅馬深受內部衝突所擾。凱撒因為迎合人民所好而崛起，西元前五十八到五十年間帶領軍隊征服且併吞高盧（Gaul，今日的法國）。元老院（Senate）擔心凱撒權傾一方，要求他放棄掌控軍隊。凱撒拒絕後，在西元前四十九年進攻義大利並激起內戰，最後在西元前四十四年以勝利告終。凱撒大權在握，卻遭到羅馬一群保守元老們刺殺。暗殺行動並未讓現狀恢復，凱撒養子亦是甥孫的屋大維在西元前二十七年自立為羅馬皇帝，正式結束共和時代。屋大維自稱奧古斯都，親自督軍挺進伊比利半島（Iberia）、北非及中歐。奧古斯都死後，羅馬不時承受繼位鬥爭和暴力推翻皇帝之事（西元六十九年時有四個不同人在位）。儘管政治動盪，諸如軍隊體系、行政體系、法律制度、貨幣制度和交通建設等方面，羅馬各體制仍然維持效力。

奧古斯都最親密的盟友之一，就是他的女婿阿格里帕（Marcus Vipsanius Agrippa，西元前 64 / 2 – 12）。同時身為政治家和軍人，阿格里帕監督幾項羅馬的建設計畫，其中許多建設坐落在戰神廣場（Campus Martius / Field of Mars），即羅馬城外一處開放的沼澤地。阿格里帕將戰神廣場轉變為公園地，增加兩處建築群作為公民投票場所，分別是選務官廳（Diribitorium）及朱利亞投票所（Saepta Julia，從凱撒時期開始興建）。此外，還有大型公共澡堂阿格里帕浴場（Thermae Agrippae），以及為慶祝阿格里帕海戰勝利而建的海神廳（Basilica of Neptune）。阿格里帕最後打造一間方形神廟獻給眾神，稱為萬神殿，在西元前二十七到二十五年間竣工。萬神殿充斥著眾神的雕像，像是戰神瑪爾斯（Mars）、愛神維納斯（Venus）和凱撒神（神化的凱撒）。奧古斯都拒絕將自己的雕像納入主殿，不過他的雕像立在門廊處。阿格里帕死後光榮下葬戰神廣場的奧古斯都陵（Mausoleum of Augustus），就在萬神殿北側。之後奧古斯都自己也長眠於此。

約西元八十年，阿格里帕建造的萬神殿付之一炬，原址建起一座新神廟，不過對於其設計所知甚少。到了這時，羅馬的擴張主義式微，一世紀後多半避免擴張戰爭，並且專注在維持疆界。沒有人比哈德良更加體現這種退卻政策。哈德良生於西班牙，原本是一位軍人，一一七年時成為羅馬皇帝。哈德良在位時大半於帝國各處遊歷，意圖要團結廣闊的領土。他急於大興土木，監督許多建設計畫，包括以他為名，用以抵禦不列顛尼亞（Roman Britain）的邊牆。

大約在一一八年時，哈德良開始建造萬神殿，於一二六到一二八年間落成。萬神殿的主要特色，在於其建築圓頂是古代世界中最龐大的。圓頂和建築其他地方多半用水泥建造，羅馬的建築至少從西元前兩世紀起就已經用上水泥。羅馬人擅長運用水泥，直到十八世紀後才有人能與之匹敵。圓頂以水泥灌注木架一氣呵成，創造出完美的半球形。待水泥乾涸，木架旋即移除。圓頂頂端有一處圓形開口，或稱眼窗，提供唯一的自然光源。由大理石、斑岩（porphyry）及彩色花崗岩鋪成的地板呈現微凸狀，如果雨水透過眼窗落到地面，可以更快地排乾。地板岩石皆採自遙遠的埃及和安納托利亞。哈德良將萬神殿正面山牆上原有的銘文保留下來，文中述說著這棟建築出自阿格里帕之手。

聖彼得大教堂（St Peter's Basilica）

西元六十四年，使徒彼得（Peter the Apostle）在羅馬被釘上十字架。

耶穌為他取名彼得，意謂建造教堂之「基石」。彼得被視為首位教宗。四世紀初期，一棟宗座聖殿在彼得的墓地和聖壇四周建起。到了十五世紀，聖殿年事已高且年久失修。一五〇六年新聖殿的基石鋪下，直到一六二六年才興建完成。建築充滿無價的藝術作品，是世界上最大的教堂。

從一世紀中期起，羅馬的基督教開始擁有追隨者。儘管宗教迫害凶猛，基督教還是吸引愈來愈多改宗者。使基督教地位徹底改變的人是君士坦丁一世（Constantine I，約272 – 337），他在三一三年時施行米蘭敕令（Edict of Milan），終結全國對基督教的迫害。三八〇年時，狄奧多西一世宣布基督教為羅馬帝國的國教，這意謂人稱羅馬主教的教宗德高望重，對宣稱自己是教會掌權者的教宗來說可謂推波助瀾。隨著羅馬成為基督教的羅馬，皇帝的勢力開始瓦解。

六〇九年時，萬神殿變為一座教堂，重新命名為聖瑪利亞圓形教堂（Santa Maria Rotonda）。如此一來倒確保萬神殿不會落入破敗命運，或是遭解體而取作建築材料，一如其他羅馬建築那般。萬神殿的「異教」裝飾遭移除，取而代之的是基督教的濕壁畫、油畫和雕塑。另外還有許多修改，包括增加小教堂、移除鍍銅屋瓦、將殉教者的遺骨埋葬於內、圓頂貼上一層鉛板，並在門廊正面建一座鐘樓（之後又移除）。

十五世紀末到十六世紀，文藝復興運動在義大利興起（之後擴散到歐洲其他地方），古代書籍、藝術品和建築重新被發現。時人讚嘆這些古典建築，奮力仿效其風格，萬神殿的圓頂就成為許多建築的靈感來源，像是佛羅倫斯主教座堂（Florence Cathedral）和聖彼得大教堂。

儘管備受重視，萬神殿並不是一直安然無恙。教宗烏爾巴諾八世（Pope Urban VIII，1568－1644）將萬神殿門廊的青銅天花板移除，燒融後製成加農砲（其餘的一些還拿來製成聖彼得大教堂主聖壇上的天篷）。烏爾巴諾並在萬神殿正面加上一對鐘塔，但是在十九世紀晚期遭拆毀。到了這時，義大利再度統一成為一個王國，上一次統一是在六世紀。既然萬神殿是喚起羅馬和義大利光榮過去的醒目焦點，義大利新王國的首任國王伊曼紐二世（Victor Emmanuel II，1820－1878）和其子暨繼位者翁貝托一世（Umberto I，1844－1900）雙雙下葬於此，也是合理的事。

羅馬之劫（The Sacks of Rome）

十四世紀晚期到十五世紀，羅馬帝國遭受日耳曼及匈奴部族的攻擊，羅馬變成一座死城。相較於義大利其他城市如拉溫納（Ravenna）和米蘭，羅馬可說黯然失色。四一〇年時，羅馬遭西哥德人（Visigoths）洗劫，四五五年時又遭汪達爾人（Vandals）洗劫。四七六年時，日耳曼統治者奧多亞塞（Odoacer，433－493）劫掠羅馬，自立為義大利國王。儘管羅馬帝國在東方以拜占庭之名持續存在，西羅馬帝國已然終結。

－譯註－

1 十字軍東征時在近東地區建立的拉丁國家，包括耶路撒冷王國（Kingdom of Jerusalem）、安條克公國（Principality of Antioch）、埃德薩伯國（County of Edessa）等。

2 指約旦河與地中海之間的區域，也包括約旦河東岸，即今日以色列、巴勒斯坦地區、約旦西部、黎巴嫩南部及敘利亞西南。猶太、基督、伊斯蘭三教人士均視此處為聖地。

3 塔蘭同作為重量單位，是在西元前四世紀末時傳入兩河流域，日後傳入希臘及羅馬世界。古希臘的一塔蘭同約當於二十六公斤。塔蘭同作為貨幣單位時，意指一塔蘭同重的黃金或白銀。

4 指建築內殿被成排的大型石頭圓柱包圍，由圓柱支撐起平緩的屋頂，正立面的圓柱也撐起一座三角楣飾。

5 聖林是指對某一文化或宗教具有特別意義的樹林。雅典學院就建立在雅典城外獻給雅典娜的橄欖樹林之中。

6 即佛教創始者釋迦牟尼，悉達多·喬達摩為其身為釋迦族太子時的姓名。

第四章

早期中古世界

土耳其海峽（The Turkish Straits）

博斯普魯斯海峽（Bosphorus）及達達尼爾海峽是隔開歐亞兩地、地中海與黑海的兩座狹窄海峽，中間有馬摩拉海（Sea of Marmara）相連。幾世紀以來，這幾處地方一直具有重要戰略地位，尤其是在君士坦丁堡（Constantinople）這座大城市建於博斯普魯斯之後。君士坦丁堡今日稱為伊斯坦堡。

西元前七世紀，希臘殖民者在博斯普魯斯建立兩處聚落，位於歐洲這一側叫拜占庭，位於亞洲這一側叫迦克敦（Chalcedon）。西元前五世紀希臘與波斯對戰之時，掌控拜占庭對希臘人來說極為關鍵，拜占庭也成為重要的貿易城市。落入羅馬統治後，西元三二四年，君士坦丁大帝選擇拜占庭作為新的帝國首都及王室所在地。新的帝都在三三〇年時以君士坦丁堡新羅馬（Constantinopolis nova Roma）之名正式啟用，不過人們比較熟悉的名稱是君士坦丁堡。隨著羅馬帝國權力中心東移，西側帝國領土被入侵的部族攻占，君士坦丁堡逐漸壯大，規模、富裕程度及重要性皆超越羅馬。君士坦丁堡成為拜占庭帝國的首都。拜占庭帝國是羅馬帝國東側行省的延續，六世紀初巔峰時期也曾統治

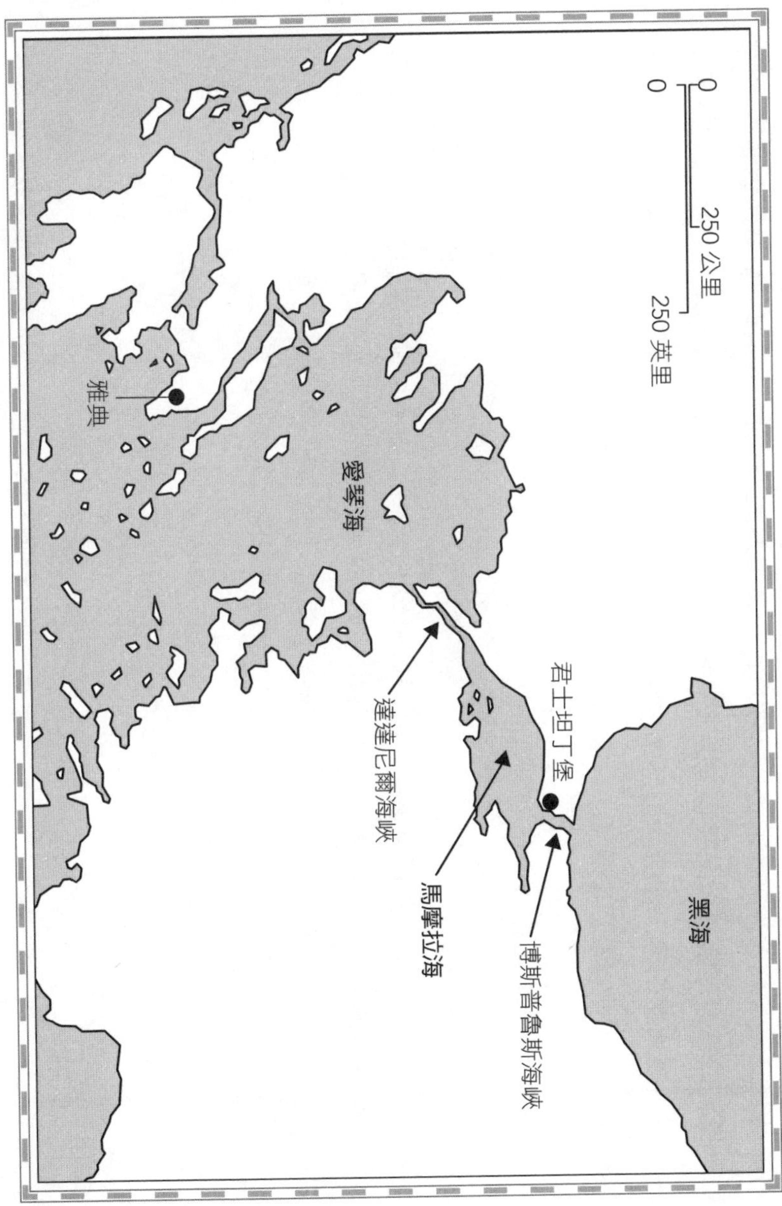

西元一四〇〇年左右的土耳其海峽。

義大利多數地區、北非和西班牙南部。

特洛伊戰爭（The Trojan War）

特洛伊戰爭據說發生在西元前十三世紀中期，是兩部古典希臘文學中最偉大作品荷馬（Homer）史詩《奧德賽》（Odyssey）及《伊里亞德》（*Iliad*）的部分主題。戰爭的焦點是特洛伊城，可能坐落在亞洲端的達達尼爾一帶。這麼說來，特洛伊戰爭可說是土耳其海峽發生的諸多戰爭之首。

君士坦丁堡東側有博斯普魯斯海峽屏障，西側易受陸路侵略，直到五世紀初期才建立起懾人的防禦工事。儘管如此，君士坦丁堡仍舊面臨外國勢力的不斷侵擾。六二五年時，多瑙河以北的游牧族群阿瓦爾人（Avars）自西側陸路挺進，波斯帝國自海路入侵，兩邊聯合進攻，遭君士坦丁堡擊退。六七七年和七一七到七一八年，阿拉伯兩度嘗試進攻，都被君士坦丁堡以希臘火（Greek fire，燒夷彈的先驅）驅退海艦。九四一年源自今日俄羅斯、烏克蘭及白俄羅斯一帶的羅斯人（Rus'）從黑海入侵時，同樣也遭君士坦丁堡以希臘火驅散。最後，一二〇四年一支天主教十字軍軍隊攻占君士坦丁堡，導致拜占庭帝國分裂。到了此時，塞爾柱土耳其人（Seljuq Turks）已拿下拜占庭帝國在中東和安納托利亞地區的大半領土，帝國在此壓力下勢力早已萎縮。一二六一年，拜占庭諸王重新攻下君士坦丁堡，不過勢力已經江河日下，逐漸被另一個新勢力凌駕，那就是鄂圖曼帝國。

鄂圖曼人是穆斯林土耳其民族，得名自其王朝創始者、統治安納托利亞一個小王國的奧斯曼一世（Osman I，死於一三二三或二四年）。控制整個安納托利亞地區後，鄂圖曼人勢力擴張越過土耳其海峽，從希臘和巴爾幹地區獲取領土。儘管他們從一三九〇年到一四〇二年封鎖君士坦丁堡，又在一四一一年和一四二二年兩度圍城，卻一直無法奪下。穆罕默德二世（Mehmed II，1432－1481）在位時，鄂圖曼人帶著十六萬大軍四度來襲，君士坦丁堡僅能召集七千人抵禦。穆罕默德切斷君士坦丁堡的援軍和補給，再以火藥武器炸斷城牆，讓士兵得以進城。拜占庭最後一位帝王君士坦丁十一世（Constantine XI Palaiologos，1405－1453）在交戰中殞命。穆罕默德將君士坦丁堡重新

命名為伊斯坦堡，成為鄂圖曼帝國的首都。新政權的象徵，是將聖索菲亞大教堂（Hagia Sophia）轉變成為一座清真寺。其後兩百年，鄂圖曼帝國進一步擴張，跨入歐洲、北非和中東地區。

到了十九世紀，鄂圖曼帝國規模及影響力大幅削減，外敵和各省的民族主義運動，迫使帝國勢力更加趨弱。一九〇八年，一群改革派官員青年土耳其黨人（Young Turks）在一次革命中奪得鄂圖曼帝國控制權，強迫蘇丹建立議會制君主立憲制。青年土耳其黨人無法阻擋義土戰爭（Italo-Turkish War，1911 – 1912）或第一次巴爾幹戰爭（First Balkan War，1912 – 1913）帶來的失敗，使鄂圖曼帝國更多領土被奪走。為了抵抗希臘（一八三二年從鄂圖曼人手上獲得完全獨立的地位）的海軍勢力，並鞏固鄂圖曼帝國在土耳其海峽一帶的地位，鄂圖曼向英國訂購兩艘現代戰艦。兩艘戰艦的部分價金是由帝國各地人民認購，卻從未成為鄂圖曼艦隊的一分子。

一九一四年八月一日，第一次世界大戰爆發後數日，兩艘戰艦被英國政府徵用，導致鄂圖曼帝國人民群起激憤，迫使鄂圖曼向德國靠攏。八月二日，德國與鄂圖曼簽署聯盟協議，德軍提供軍事協助，換取他們在鄂圖曼境內行動的權利。八月十日，兩艘德國戰艦抵達達達尼爾，獲准穿越土耳其海峽，之後加入鄂圖曼海軍行列。十月二十九日，鄂圖曼帝國加入第一次世界大戰，兩艘德艦在黑海攻擊俄國港口。俄國、英國及法國因此在隔月向鄂圖曼宣戰。德國給予鄂圖曼極大的援助，包括金援、物資補給和軍事人力。德籍工程師在達達尼爾海峽布署新砲台、令敵艦現蹤的強力探照燈、攔截潛水艇的海底捕網，以及協調防禦用的無線電報系統。達達尼爾海峽和博斯普魯斯海峽周圍地區軍備增強，布下更多地雷。

一九一五年二到三月，一批英法艦隊攻擊土耳其海峽，冀望奪取通往黑海的路權，這樣能更容易補給俄國。同盟國這次的行動極為失敗，因為鄂圖曼的大砲和地雷引起了混亂。隨著海軍作戰一敗塗地，同盟國在達達尼爾發動兩棲登陸，集結一批七萬五千名兵力的跨國部隊，士兵分別來自英國、紐芬蘭（Newfoundland）、紐西蘭、澳大利亞、印度和法國（以及非洲的法屬殖民地）。第一次登陸發生在四月二十五日，同盟國在加里波利半島（Gallipoli Peninsula，位於達達尼爾海峽歐洲一側）築起兩座灘頭堡。澳洲和紐西蘭將這一天紀念為澳紐軍團日（Anzac Day），緬懷兩國軍人的犧牲奉獻。崎嶇的地形給來者帶來艱苦的壕溝戰。儘管八月援軍馳至，同盟國仍舊無法長久離開灘頭堡往前挺進。到了年末，同盟國開始從加里波利撤退，奇蹟似地是在無人傷亡下撤軍，最後一批同盟國軍人在一九一六年一月九日離開。這次行動總共有十四萬兩千五百名士兵喪生，其中半數以上是土耳其人。

鄂圖曼軍隊持續在巴爾幹、高加索和中東地區奮戰，同時繼續種族清理運動，將面對國家暴力的亞美尼亞人、希臘人和敘利亞人殺害並驅逐出境。鄂圖曼終於在一九一八年十月三十日簽署停戰協定，同意同盟國軍隊通過土耳其海峽。十一月十三日，四十二艘同盟國軍艦駛進達達尼爾海峽來到伊斯坦堡，隨之將其占領。一九二〇年，鄂圖曼帝國簽署《色佛爾條約》（Treaty of Sèvres），讓非土耳其人居住的領土得以獨立。同盟國軍隊留在伊斯坦堡，土耳其海峽由一國際委員會管轄，鄂圖曼帝國唯有得到國際聯盟（League of Nations）首肯才能加入委員會。軍官凱末爾（Mustafa Kemal，1881－1938）率領武裝民族起義作為回應，拒絕《色佛爾條約》的條款。

這場土耳其獨立戰爭（Turkish War of Independence）導致鄂圖曼帝國遭推翻，並在一九二三年時宣布土耳其共和國成立。依據《洛桑條約》（Treaty of Lausanne），土耳其共和國的疆界受到同盟各國承認。《洛桑條約》並宣告土耳其海峽為國際地域，由土耳其人擔任主席的委員會掌管。土耳其海峽也是非軍事區，除了伊斯坦堡有一小型軍隊駐防。凱末爾成為總統後一直在位，直到一九三八年逝世為止。他通過一系列現代化改革，獲得阿塔圖克（Atatürk）這個姓氏，意思是「土耳其人之父」。凱末爾監督一九三六年《蒙特勒關於海峽制度公約》（Montreux Convention Regarding the Regime of the Straits）的制定，讓土耳其握有土耳其海峽控制權，允許土耳其將海峽再度軍事化，同時對未與土國交戰的國家保證商業貨輪無限通行海峽的權利。這項公約持續約束著土耳其海峽這條全世界最重要的海道。

《海峽公約》（Straits Convention）

鄂圖曼帝國雖然在十九世紀衰退，對具有重要戰略地位的土耳其海峽卻保有控制權。然而，鄂圖曼卻在一八三三年與俄國簽訂《互助條約》（Treaty of Hünkâr Iskelesi），同意只要俄國要求就禁止外國戰艦通過海峽。俄國可能支配從黑海到地中海的路線，這讓其他強權國家感到不安，導致一八四一年《倫敦海峽公約》的簽訂。此舉恢復了鄂圖曼的勢力，和平時期，所有外國軍隊均不得進入海峽，戰時僅允許鄂圖曼的同盟國使用。

錫安聖母教堂（Church of Our Lady Mary of Zion）

源於今日衣索比亞的阿克蘇姆王國（Kingdom of Aksum），是中古時期的非洲強權之一，也是知名的約櫃（Ark of the Covenant）守護者。約櫃是猶太人和基督徒的聖物，擺放在錫安聖母教堂內。

據傳西元前十世紀時，半傳奇的示巴女王（Queen of Sheba）曾經造訪耶路撒冷，在那裡邂逅所羅門王。示巴女王的聰明天賦讓所羅門王印象深刻，在轉而信仰猶太教後返回家鄉。根據衣索比亞的說法，示巴名為瑪姬妲（Makeda），來自衣索比亞，與所羅門王育有一子孟尼利克

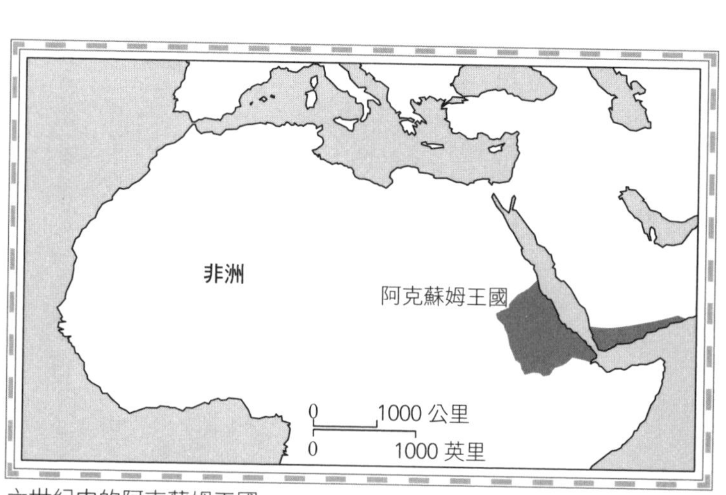

六世紀中的阿克蘇姆王國。

（Menelik）。孟尼利克年輕時曾經回訪耶路撒冷與父親會面，之後返家統治衣索比亞，建立延續近三千年的王朝。據說孟尼利克帶回了約櫃這只披金的木櫃，裡頭裝著刻有十誡的石板。

阿克蘇姆位於衣索比亞北部的提格雷高地（Tigray highlands），原本是一座王國的中心，崛起於二到三世紀。商業活動是阿克蘇姆的擴張基礎之一，阿克蘇姆的商賈與希臘羅馬世界、甚至印度建立起貿易連結，支配著非洲內陸到紅海港口端的貨物運輸貿易路線。阿克蘇姆國王稱孟尼利克為其先祖，在四世紀前半晚期埃扎那（Ezana，死於三六〇年左右）執政時接受基督教。埃扎那受教於一位名為弗魯門修斯（Frumentius，死於三八三年左右）的敘利亞基督徒，他是一位被解放的奴隸，獲准在宮廷裡傳教。弗魯門修斯之後北訪亞歷山卓與法老會面，法老命他為主教。回到阿克蘇姆後，弗魯門修斯為埃扎那受洗，衣索比亞於是成為第二個將基督教設為國教的國家（接在亞美尼亞之後，亞美尼亞在三〇一年時將基督教設為國教）。衣索比亞正教會（Ethiopian Orthodox Church）保留了自己的傳統，一直與天主教十分不同，特別是衣索比亞正教會不承認教宗首席權（papal supremacy）[1]。衣索比亞人民在宣教士於全國各地傳教之下改宗基督教。當弗魯門修斯在阿克蘇姆城建立起主教制（episcopacy）[2]時，一座主教座堂錫安

聖母教堂在該地落成。錫安聖母教堂占地五九五平方公尺，位在一處圍牆建築群的正中央，據說成為了約櫃的所在地。

到了六世紀中期，阿克蘇姆的邊界擴張到今日衣索比亞及厄利垂亞以外，統治部分阿拉伯南部地區、蘇丹、埃及、吉布地（Djibouti）和索馬利亞。然而，七世紀和八世紀時，伊斯蘭哈里發國（caliphate）[3]征服並控有阿克蘇姆在阿拉伯的領土，阻斷阿克蘇姆的貿易路線，阿克蘇姆國王勢力漸退。阿克蘇姆城變得不若往日繁榮，不過所幸有錫安聖母教堂，阿克蘇姆仍是重要的宗教中心。十世紀中期，一位名叫古迪特（Gudit）的外國王后（可能是猶太人）攻擊阿克蘇姆，摧毀錫安聖母教堂，實質上結束了阿克蘇姆王國的命運。直到一一三七年才有另一個扎格維（Zagwe）王朝控制衣索比亞，不過一二七〇年時，扎格維王朝遭到一位王子推翻。這位王子宣稱自己是阿克蘇姆國王的後代（因此也是所羅門王和示巴女王的後代），他建立起衣索比亞帝國（Ethiopian Empire）。重建後的錫安聖母教堂，成為傳統衣索比亞皇帝加冕儀式的舉行地點。

對歐洲人來說，衣索比亞一直是個神祕之地。中古時代一些人相信那裡是富裕且強大的基督徒國王「祭司王約翰」（Prester John）的家。甚至在十五世紀晚期，葡萄牙探險家及貿易商抵達衣索比亞後，許多人仍舊認為衣索比亞皇帝與失落的傳奇國王有關。

一五二九年，衣索比亞帝國遭到阿達爾蘇丹國（Adal Sultanate）入侵。阿達爾蘇丹國是穆斯林國家，以今日的索馬利亞為主要據地，首領艾哈邁德．易卜拉欣（Ahmad ibn Ibrahim，約 1506 – 1543）占領且併吞衣索比亞帝國大部分地區，攻擊阿克蘇姆並火燒錫安聖母教堂。

直到一五四三年衣索比亞與葡萄牙結盟（葡萄牙是為了保護在當地的利益），戰爭中擊敗並殺害艾哈邁德，衣索比亞皇帝才重拾對該地的控制權。一五六三年，皇帝薩爾撒．丹加爾（Sarsa Dengel，1550 – 1597）在阿克蘇姆慶祝加冕，之後錫安聖母教堂的廢墟中立起了一座小教堂。一六一一年，奧羅莫人（Oromo）從今日衣索比亞南部和肯亞北部的家鄉出發入侵阿克蘇姆，摧毀了這座小教堂。奧羅莫人動搖皇帝的地位，皇帝們也日漸受到耶穌會傳教士的影響。最終蘇西尼約司一世皇帝（Emperor Susenyos I，1572 – 1632）在一六二二年時宣布天主教為國教，這項決定極不受歡迎，讓蘇西尼約司和他的臣民們對立。一陣混亂後，一六三二年蘇西尼約司被迫讓位給兒子法西里迪斯（Fasilides，1603 – 1667）。法西里迪斯恢復衣索比亞正教會，也監督錫安聖母教堂的建造。今日尚存的聖母教堂就在一六六五年竣工，建築中有許多葡萄牙和印度的影響。

十九世紀末、二十世紀初，歐洲各國之間瓜分非洲各地時，衣索比亞帝國仍然維持

獨立。海爾．塞拉西一世皇帝（Emperor Haile Selassie I，1892－1975）攝政十五年後，於一九三〇年即位。他影響衣索比亞走向現代化，奴隸制遭到廢除、基礎建設獲得改善，衣索比亞成為國際聯盟的一員。一九三五年，裝備有坦克、飛機及毒氣的義大利軍隊入侵衣索比亞，不到兩年就擊敗衣軍併吞該國。海爾．塞拉西造訪日內瓦向國聯說情，國聯卻對保護成員國主權毫無作為。隨著塞拉西的國家遭敵軍占領，他一路流亡到英國。一九四一年，塞拉西以聯軍首領的身分返回家鄉，當時衣索比亞是第一個從軸心國手中解放的國家。海爾．塞拉西繼續統治衣索比亞。一九六五年，他在阿克蘇姆錫安聖母教堂原址附近建造一座水泥圓頂的全新現代主教座堂。一九七四年，塞拉西遭共產主義獨裁軍政府德爾格（Derg）推翻，德爾格統治衣索比亞直到一九八七年。如今阿克蘇姆只是一個小區的市中心，地位還不及省治，不過衣索比亞正教會依然宣稱阿克蘇姆是約櫃真正的家。

希拉山洞（The Cave of Hira）

光明山（Jabal al-Nour）位在沙烏地阿拉伯西部麥加（Mecca）近郊。希拉山洞就在光明山的山坡上，先知穆罕默德（約 570 – 632）在此受到天啟，激起他創立新信仰。

麥加是卡巴天房（Kaaba）所在地，卡巴天房是一座方形建築，據信是由亞伯拉罕和其子以實瑪利（Ishmael）建造，裡頭安放一顆黑色聖石，聖石裡藏有異教偶像。這裡是該地區多神信仰居民的朝聖中心。到了六世紀，麥加由經商的古萊須（Quraysh）部族統治，改頭換面成為重要的貿易樞紐。

穆罕默德約生於五七〇年，是古萊須部族的一員，六歲時就被託孤，由叔叔撫養長大，之後經商維生。大約二十五歲時，穆罕默德娶了赫蒂徹（Khadija，555 – 620）為妻，她是一位成功的女性貿易商，雇請穆罕默德帶領駱駝商隊前往敘利亞。隨著年齡漸長，穆罕默德離開麥加，在圍繞城外的西拉特山（Sirat Mountains）獨自思索很長一段時間。六一〇年左右，穆罕默德在光明山上一處天然洞穴希拉山洞裡沉思。在所謂的尊貴之夜（Night of Power）時，天使加百列（Gabriel）前來拜訪穆罕默德，向他揭示可蘭經（Quran）開頭的幾節文字。穆罕默德會漸漸地向追隨者揭示這本聖書的其他部分，一直到他死去。起初，穆罕默德以為自己可能被附身而感到害怕，不過得到赫蒂徹的安慰。他繼續在山中隱居靈修，時常在希拉山洞裡一待就是好幾天，形塑伊斯蘭教的諸教義逐漸成形。一開始穆罕默德只對近親提及自己新獲得的天啟，不過三年之後，穆罕默德開始在公共場所傳道，從麥加居民中得到追隨者。赫蒂徹死於六二〇年，她的財富是支持穆罕默德早期傳教的關鍵。

穆罕默德講道時除了提及阿拉（Allah）別無他神，這讓他與麥加的異教統治者們產生齟齬。屬於小團體的穆斯林們面臨暴力壓迫，最後情況十分不利。六二二年時，穆罕默德和弟子們北遷到四八〇公里外的麥地那（Medina）城尋求庇護。穆罕默德在麥地那持續收得改宗者。六二四年，穆斯林商隊在遭逢一些襲擊後，與麥加爆發戰事。六年後，穆罕默德強迫麥加同意止戈，其後成功控制阿拉伯多數地方。六三二年，穆罕默德率領告別朝覲（Farewell Pilgrimage）[4]前往麥加，終點就在卡巴天房。清除偶像後的卡巴天房被授予「基卜拉」（qibla）身分，即穆斯林們祈禱時應該朝往的方向。穆罕默德立下了「朝覲」（Hajj）傳統，期望所有虔誠的穆斯林們都能前往麥加朝聖。幾週之後，穆罕默德死於麥地那。

穆罕默德沒有子嗣，死前也沒有指明由誰領導伊斯蘭教。他的一位親密顧問阿布・巴克爾（Abu Bakr，約 573 – 634）獲選成為首位哈里發，即繼承者。七世紀接下來的日子，哈里發國勢力逐漸增長，先是擴張進入敘利亞及伊拉克，之後與拜占庭及薩珊帝國（Sasanian empires）鏖戰，取得波斯、高加索、安納托利亞和北非領土。六六一年，來自麥加的勢力家族倭馬亞（Umayyads）取得哈里發國控制權，建立世襲規則，並將首都設於敘利亞大馬士革。伊斯蘭教分成遜尼（Sunni）、什葉（Shia）兩大派別可以追溯到這個時期，此時還有誰才是穆罕默德繼承人的爭論。

西元六五六年，穆罕默德堂弟暨女婿阿里（Ali，601 – 661）成為哈里發，不過權威難以伸張，在伊拉克庫法（Kufa）遭到政敵謀殺，阿里的政敵穆阿維葉（Muawiyyah，約 602 – 680）繼位。穆阿維葉是倭馬亞王朝的創立者。阿里身後留下二子哈桑（Hassan，624 – 670）與侯賽因（Hussein，626 – 680），兩人獲准在麥地那安享晚年。哈桑在六七〇年時死於麥地那。

六八〇年時，倭馬亞在庫法的對手邀請侯賽因帶頭反抗倭馬亞。侯賽因帶著家人和支持者北征伊拉克，遭到倭馬亞軍隊攔截。侯賽因拒絕投降，於是和支持他的黨羽遭到處決。侯賽因身故之地成為一座吸引大批朝聖者的神殿，日後成長為卡爾巴拉

（Karbala）城。從七世紀末到八世紀，有愈來愈多叛亂將矛頭指向倭馬亞，他們相信只有阿里的後代才能領導伊斯蘭教。如此衝突加深了意識形態的分歧，造成什葉派（源自阿拉伯文「阿里一派」之義）建立起自己的儀式和信仰。如今什葉派占全球穆斯林人數逾十分之一。

儘管內部衝突不斷，哈里發國仍然持續成長。八世紀時，征服北非多數地區的倭馬亞王朝跨過直布羅陀海峽（Strait of Gibraltar），征服伊比利半島（Iberian Peninsula）多數地區。七五〇年，穆罕默德的叔輩後裔阿拔斯（Abbasid）家族推翻倭馬亞王朝，取得哈里發國的控制權。為了統治整個帝國，阿拔斯家族在底格里斯河畔、古巴比倫城北方一座波斯小村落建立新都，取名巴格達（Baghdad）。巴格達發展成為全世界最大、最富裕且執文化藝術之牛耳的城市。由於外來入侵和內部混亂，阿拔斯王朝的權威逐漸衰退，最後蒙古帝國（Mongol Empire）在一二五八年入侵美索不達米亞，洗劫巴格達城。

智慧宮（House of Wisdom）

巴格達城的心臟是和平之城（Madinat al-Salam），裡頭坐落阿拔斯王朝的法院和官僚機構。阿拔斯家族並在那裡設立學習中心智慧宮，提供有重要發現的學者居住，於該處傳播來自印度的新觀念（像是記數系統），並將希臘文和拉丁文古典書籍翻譯成阿拉伯文，藉此留存下來。一二五八年，巴格達遭蒙古人洗劫，不過仍然維持重要城市的地位。一九二〇年，巴格達成為新國家伊拉克的首都。

除了宗教要城麥加，穆斯林世界的政治勢力存在於其他城市，像是麥地那、大馬士革、巴格達、開羅和伊斯坦堡。麥加曾經是繁榮的商業樞紐，如今倚靠的是造訪此地的朝聖者。十世紀時，麥加由穆罕默德的直系後裔麥加謝里夫（Sharifs of Mecca）[5]一家統治。到了十六世紀，鄂圖曼帝國取得阿拉伯世界的控制權，其後麥加謝里夫一家持續在位。第一次世界大戰時，謝里夫家族與英國結盟，領導阿拉伯起義（Arab Revolt）對抗鄂圖曼。不過，謝里夫一家自立為中東地區大阿拉伯國統治者的期盼落空，一九二五年，崛起於阿拉伯中部的沙烏地王朝（House of Saud）將謝里夫們免職，並征服麥加。沙烏地阿拉伯王國在一九三二年創立，由沙烏地家族統治。沙烏地家族將石油儲備帶來的收益大力投資麥加，實行全面的建築及翻新工程。希拉山洞原封不動，和先知造訪當時一模一樣，透露著伊斯蘭教成立之初的線索。

辛格韋利爾（Thingvellir）

在日耳曼和北歐社會裡，自由人（freemen）時常聚在一起解決爭端和作成決定。這些稱為「集會」（things）的會議，演變成為公民集會機構。此種機構最古老者就是冰島議會（Icelandic Althing），公民們在冰島南部一座平原上集會，該地日後成為知名的辛格韋利爾。

維京人（Vikings）源自斯堪地那維亞，八世紀末開始就一直侵擾歐洲沿海地區。接下來三個世紀，維京長船（longships）的身影令整個歐洲大陸畏懼。維京人的貿易範圍遠達中東和北非，維京人也遷移到其他陸地，尤其是不列顛、愛爾蘭和諾曼地（Normandy）。身為航海熟手，維京人在北海及大西洋發現許多新土，並在島嶼上殖民。他們最大一塊殖民地就是九世紀末以前尚無人煙的冰島。不過在此之前根據記載，曾有愛爾蘭僧侶和隱士群居於此，而且早在西元前四世紀，希臘探險家皮西亞斯（Pytheas of Massalia）可能已在此地登陸。西元八六七年左右，諾爾斯人（Norseman）航行至冰島。八七〇年再度回訪，於冰島建立第一個維京人聚落，有許多家族加入。

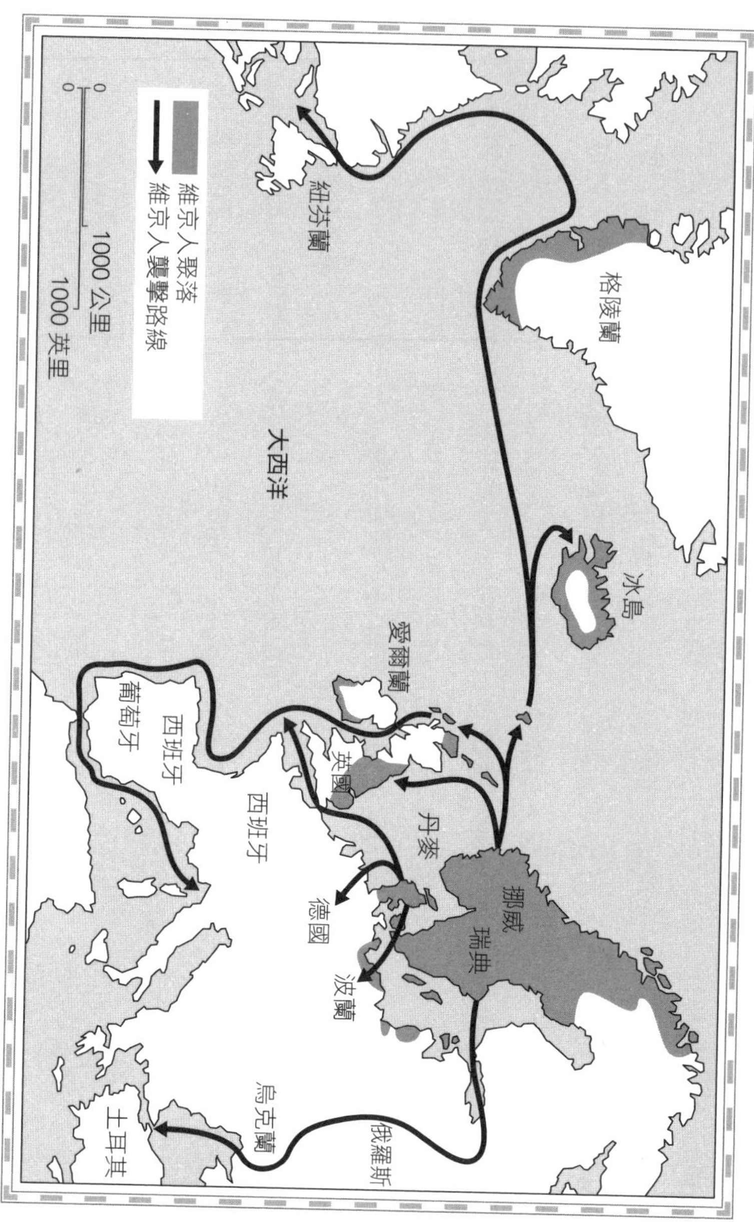

西元八到十世紀維京人擴張路線。

冰島議會設立於九三〇年，是首個管轄權涵蓋整個國家的政治集會。議會的存在對於形塑全國一心、協助防止區域分裂至關重要。議會以公共、全國的形式解決爭端，由戶主組成的小組擔任仲裁者，此外還有四個地區法院。議會每年六月在辛格韋利爾（「集會的平地」之意）召集兩個禮拜，一年中這樣日照充足、氣候溫和適人的時節並不多。一切皆是在戶外舉辦，由於附近唯一一處永久建築是兩間教堂和一座農場，多數人搭起帳篷或草棚。此外，商人和小販在橫越辛格韋利爾的俄薩拉河（Öxará，又稱斧河）沿岸叫賣。

雖然所有自由人都獲准參加議會，不過立法決定權仍然保留給地方首領（godard）。從九六五年開始，地方首領的人數限制在三十九人。他們成為立法會議（lögrétta）的多數，會議中辯論並投票表決法律事務，還有與他國簽訂條約。參與者坐在依三層同心圓排列的長椅上，地方首領坐在中央，這樣他們兩側都有顧問可諮詢。在此制度下，沒有人被授與行政權。最重要且最具聲望的官員是說法人（lögsögumadr），他是獲選的立法會議主席，任期三年，肩負為立法會議提供諮詢的責任，並且宣達已通過的新法。每年說法人都必須在人稱法律石（Lögberg，Law Rock）的裸露岩石上，公開背誦三分之一的冰島法律。

格陵蘭和文蘭（Greenland and Vinland）

十世紀時，維京人越過冰島到格陵蘭南方墾殖。大約在一千年時，維京人再往西航行，在一個他們取名為文蘭的地方登陸，成為首批踏上美洲大陸的歐洲人。登陸的確切位置並不清楚，不過有可能是在今日加拿大東部的聖羅倫斯灣（Gulf of Saint Lawrence）附近。經過與當地原住民發生衝突，維京人放棄了繼續開墾文蘭的嘗試。

十世紀末，挪威的基督徒國王開始派傳教士到冰島。他們遭到敵視，導致挪威國王要脅切斷與冰島的貿易網絡。西元一千年冰島議會集會時，成員們辯論要維持傳統的異教信仰，還是要改宗基督教。由於兩派僵持不下，最後決定把問題留給說法人索格爾·洛斯維特寧加戈迪（Thorgeir Ljosvetningagodi，約生於九四〇年）處理。索格爾雖然是一位異教徒牧師，為了保障冰島的未來，他還是決定必須接受基督教。他的決定受到重視，冰島成為基督子民。十三世紀時，冰島陷入兩大敵對首領之間的內戰。為求和平，一二六二年起冰島同意成為挪威的屬國。依照冰島議會承認的聯盟條約條款，冰島人民將成為挪威皇室的子民，並向挪威繳稅。一三九七年，挪威加入瑞典和丹麥，組成卡爾馬聯盟（Kalmar Union）。瑞典在一五二三年時離開聯盟，而冰島成為丹麥－挪威的一部分。

一六六二年，丹麥國王腓特烈三世（Frederick III，1609 – 1670）對外宣告唯他有權為冰島立法，替他成為專制君主鋪路。冰島議會並未遭廢除，不過影響力已經縮水，因為議會變成只有在地農民與會的上訴法院。從一六九〇年代起，立法會議在一間小帳篷屋內召開。到了十八世紀後半，立法會議又移到一處漏水漏風的木造建築裡。辛格韋利爾最後一次舉辦會議是在一七九八年，接著立法會議在一八〇〇年廢除。一八一四年，丹麥－挪威聯盟分裂，丹麥被授與冰島所有權。一八四四年，冰島議會於雷克雅未克（Reykjavik）再起，作為丹麥皇室的諮詢機構。一八七四年，冰島贏得有限自治，授權議會通過內政立法。一八八一年，議會遷至今日的處所冰島國會大廈（Althingishusid）。冰島獲得完全獨立，得等到一九一八年，議會能夠再次以真正的國會身分運作。一九四四年六月十七日，最後一次冰島議會在辛格韋利爾召開，當時冰島宣布成為共和國。

大辛巴威（Great Zimbabwe）

西元一千年以前，班圖族（Bantu）就已經在撒哈拉以南非洲各地定居，建立許多地方政權。其中最大且最有力的政權就是辛巴威王國（Kingdom of Zimbabwe），首都以大辛巴威為名，興盛於十一到十五世紀。

班圖族源自西元前兩千年左右的西非，在接下來的三千年裡，族人散布到撒哈拉以南各地。他們在定居地導入農業和製鐵，取代或投入狩獵採集社會。由於班圖人遷徙範圍廣大，他們發展出極為不同的文化和政治。

紹納（Shona）是班圖族中最大的部落之一，定居在非洲南部，建立起辛巴威王國，經由四處征伐，領土最後涵蓋兩千五百平方公里左右。辛巴威是紹納語 dzimba dzamabwe（石頭之屋）或 dzimba woye（尊敬之屋）的縮讀字。辛巴威王國的首都位在今日辛巴威東南方，就在馬旬戈（Masvingo）市附近，以大辛巴威為名，遺址數量是該地區現存同類遺址中最龐大者，達一百五十處左右。大辛巴威建於西元一千年前後，原本規模適中，全盛時期在一三〇〇到一四五〇年間。此時統治者勢力如日中天，造就許多新建設，首都擴張到八十萬平方公尺，城內及周圍聚落人口可能達到一萬到兩萬之間。

大辛巴威分為三個主要區域：山丘建築群（Hill Complex）、衛城（Great Enclosure）和兩者之間的山谷遺址（Valley Ruins）。最古老的山丘建築群坐落於陡峭山丘，可能是大辛巴威的宗教中心，擁有六支頂端刻鳥的巨柱，可能用於儀式。山丘建築群也是辛巴威世襲統治者的墓地所在，不過一開始可能是統治者的居所。建於十四世紀的衛城位在山丘建築群南方，是撒哈拉以南非洲現存前殖民建築物中最大者之一，外牆長逾二四四公尺，部分以巨大花崗岩塊砌成。城牆並非用於防禦，因為它們並沒有將這一處包圍起來，也沒有許多軍事特徵。從規模來看，城牆倒是為了展示大辛巴威的勢力。衛城的主要建築物是十公尺高的錐形石塔（Conical Tower），可能是穀倉的象徵，展示出國王對臣民的慷慨。國王和近親的寓所也在衛城內，與外界只有一牆之隔，內有兩間磚造小屋和一個廚房區域。最後，山谷建築群似乎是在大辛巴威發展起來後才出現，裡頭多半是國王遠親、官員和其他市民的住所。除了住宅之外，從製陶和融鐵的證據來看，大辛巴威還有製造業發展。

剛果王國（Kingdom of Kongo）

最強盛的班圖勢力是建於一三九〇年左右的剛果王國，壯大以後統治了多數中非西部地區。一四八三年，葡萄牙與剛果王國建立起商業和外交關係，有銅製品、象牙及奴隸貿易。十七及十八世紀，剛果王國因為內戰及與葡萄牙的衝突而勢力衰退，一八五七年成為葡萄牙的附庸國。一九一四年君主制遭廢除，剩下的領土成為葡萄牙殖民帝國的一部分。

起初，辛巴威的財富和勢力主要依賴牛隻。選在大辛巴威建城，就是因為它位在一內陸高地上，氣候溫和且極適合農耕與放牧。不過，大辛巴威周圍地區盛產的黃金，成為主要的貿易商品。到了十四世紀，辛巴威開始與東非沿海城市交易黃金與象牙，並為首都帶來了玻璃珠、鹽、貝幣（cowrie shells）和銅絲。此外，大辛巴威發現有中國及波斯陶器碎片，顯示辛巴威是亞洲長程貿易網絡的活躍成員。

儘管富裕，到了一五〇〇年左右大辛巴威還是遭到棄城，居民往南遷徙，可能是因為大辛巴威外圍村鎮無法再供應食物。辛巴威王國的影響力迅速消退，同地區其他勢力則代之而起。雖然葡萄牙商人早在十六世紀時就已到達該地，也知道大辛巴威這個地方，不過要等到十九世紀末歐洲探險家才開始造訪這些遺址。一些探險家提出理論，指出這裡就是傳說中所羅門王的礦場、示巴女王的首都，或說這裡是由諸如希臘、埃及或腓尼基等外國文明所建造。到了一八九〇年代，辛巴威王國之前的領土已經成為英國殖民地，以英國商人、政治家和帝國主義者塞西爾．羅德斯（Cecil Rhodes，1853－1902）之名，將該地區取名為南羅德西亞（Southern Rhodesia）。

一九六五年，南羅德西亞以羅德西亞之

名宣布獨立，白人少數統治則持續到一九八〇年。當古紹納王國成為黑人民族主義者的重要象徵之後，爭取多數統治的黑人民族主義者再度將羅德西亞更名為辛巴威。大辛巴威在國家認同上占有重要地位，它成為一處國家遺址，一九八六年獲頒為世界遺產（World Heritage）。遺址處發現的皂石製鳥類雕像，也被納入國旗、紋章和紙幣之中。

廷巴克圖大學（The University of Timbuktu）

在西方世界的想像裡，廷巴克圖是遙遠異國情調的代名詞。然而事實上，幾世紀以來廷巴克圖是興盛的學習和商業中心，也是撒哈拉一大片沙漠海的「港口」。

撒哈拉沙漠身為全世界最大的沙漠，涵蓋超過七百八十萬平方公里的非洲大陸，北與大陸的地中海沿岸為界，南與半乾燥的薩赫爾（Sahel）地區為界，再往南便是熱帶莽原。由於撒哈拉地區氣候嚴厲，西非與歐亞地區在人類歷史上少有頻繁接觸。跨越這個廣闊的區域既危險又費時，而且所費不貲，根本沒有動機需要頻繁往來。一直到西元四世紀，西非以外的人們得知這個地方藏有豐富的黃金，駱駝商隊於是開始跨越這座沙漠。貿易由柏柏爾人（Berbers）主導，他們的駱駝是唯一能夠完成這趟旅程的動物，費時約三個月。除了黃金，柏柏爾商人還購買奴隸、獸皮、象牙、鴕鳥羽毛、可樂果和樹脂。柏柏爾人帶來的最關鍵商品是西非相對短缺的鹽，不過他們也進口馬匹、貝幣、金屬製品、香料、香水、昂貴布料和果乾。

商業行為因為迦納帝國（Ghana Empire）興起而更加隆盛，迦納帝國給西非帶來了

和平與秩序。七世紀和八世紀時，穆斯林阿拉伯人征服北非，導入他們的語言和宗教。柏柏爾人改宗伊斯蘭教，並將伊斯蘭教帶進西非，在都會地區找到許多新的擁護者。

大約在一一〇〇年，屬於柏柏爾族的圖阿雷格人（Tuareg）在撒哈拉南緣建立一個游牧營地，取名廷巴克圖，意思是「有大肚臍的母親」，因為營地是由老婦人看守。廷巴克圖位在尼日河（Niger River）以北大約九．五公里處。尼日河以巨大的新月之姿穿越西非，長達四千兩百公里。它可以說是廷巴克圖的命脈，因為提供穩定水源，又是貨物進出西非其他地區的運輸管道。另一關鍵在於廷巴克圖距離尼日河夠遠，當河川氾濫時，廷巴克圖得以免於洪災肆虐。十二及十三世紀初，廷巴克圖擴張成為一座重要市鎮。從建立時開始，廷巴克圖就因為與北非商人接觸而暴露於伊斯蘭教之下。這座城市的歷史因為不曾「被偶像崇拜玷汙」而充滿驕傲。

迦納帝國（The Ghana Empire）

迦納帝國建立於西元七百年左右，全盛時期涵蓋今日茅利塔尼亞、馬利和塞內加爾等國部分地區。帝國的富裕基礎來自黃金，吸引北美商賈越過撒哈拉沙漠造訪此地。久而久之，帝國四分五裂，到了一二四〇年剩餘領土納入馬利帝國（Mali Empire）。迦納帝國遺留下來的歷史傳統影響深遠，一九五七年英國殖民地黃金海岸（Gold Coast，坐落在迦納帝國以南數百英里處）贏得獨立時，就將自己更名為迦納。

早在十三世紀時，馬利帝國就已經從一個小王國成長為取代迦納帝國的西非重要強權，其統治者在十一世紀中期便改宗伊斯蘭教。馬利帝國最成功的曼薩（mansa，意指蘇丹或皇帝）是穆薩一世（Musa I，約 1280 – 1337），他在一三〇七年左右即位。穆薩一世以征服各地擴張領土，透過境內貿易管制贏得大量財富，並且在一三二四到一三二五年間到麥加朝聖，成為穆斯林世界家喻戶曉的人物。朝聖之旅有六萬名臣子和侍從隨

侍在側。穆薩相當揮霍，當他造訪開羅時，當地金價下跌了五分之一。返家途中，穆薩行經廷巴克圖，便將這座城市納入帝國範疇。廷巴克圖維持高度自治，由一群當地主要家族治理，並得到在地法官、學者及伊瑪目（imam）[6]的協助。這樣的政治局勢持續到一四六八年廷巴克圖臣服於桑海帝國（Songhai Empire）。全盛時期的桑海帝國勢力蓋過馬利，成為該地區的強權。到了此時，一代代來自非洲各地及中東地區的人們聚集在廷巴克圖定居，人口增加到十萬左右高峰，比當時的倫敦人口還要多。身為帝國強權如馬利和桑海的一部分，廷巴克圖獲得了地位及名聲，同時給它帶來和平及安全，保護了貿易。

十四及十五世紀時，廷巴克圖建造了三座清真寺：津加里貝爾（Djinguereber，由穆薩一世親自發包）、桑科雷（Sankoré）和西迪葉海亞（Sidi Yahya）。一如市內其他建築，三座清真寺也多用水與泥土混製的泥磚打造。這項材料便宜又容易製作，不過需要頻繁塗敷濕土製成的灰泥，以維持建築的外觀完整。工匠和建築師從伊斯蘭世界各地前來建造及修飾清真寺，包括葉門及格拉那達（Granada）。三座清真寺身兼頂禮膜拜處所和慈善機構，不過最為人津津樂道的是身為一座學習中心，由三寺組成這座城市的「大學」。學者們從遙遠的埃及、麥加來到廷巴克圖，沉浸在來自穆斯林世界各地的新觀念

裡，而這裡昂貴的圖書館收藏成千上萬卷書籍和珍貴的原稿。除了以三間清真寺為基地的伊斯蘭宗教學校（madrassas）之外，這裡還有一百五十餘座小型教育機構。除了學習伊斯蘭教思想，還可能接受其他領域的專業教育，包括法律、哲學、科學和修辭學。廷巴克圖是伊斯蘭教傳播到撒哈拉以南非洲的樞紐，讓伊斯蘭教成為該地區許多地方的主要宗教。

以葡萄牙為始，歐洲強權從十五世紀末開始經由大西洋與西非直接貿易。較慢的跨撒哈拉路線重要性因此消失，廷巴克圖的城市規模和富裕程度大不如前。一五九一年，摩洛哥蘇丹的軍隊占領了廷巴克圖，在其治下許多學者遭懷疑不忠而被逮捕。廷巴克圖

也經常遭入侵的部族洗劫，尤其是圖阿雷格人。摩洛哥統治在一六二〇年結束，廷巴克圖恢復自治。廷巴克圖「大學」繼續運作，不過廷巴克圖已是今非昔比。

一八九四年，廷巴克圖被法國併吞，成為法殖民帝國的一部分，一直到一九六〇年之後才納入獨立的馬利共和國。一九八八年，廷巴克圖和其圖書館被聯合國教科文組織（UNESCO）列為世界遺產，並大力維護早已年久失修的清真寺。屋漏偏逢連夜雨，廷巴克圖竟又遭遇馬利政府和圖阿雷格與伊斯蘭叛亂分子之間的內戰。二〇一二及一三年，伊斯蘭叛軍控制廷巴克圖，摧毀破壞許多史蹟、墓地（據說廷巴克圖是三三三位穆斯林聖徒的長眠之地）以及手工藝品，叛軍們相信這些是偶像崇拜。恢復廷巴克圖昔日榮光並保存珍藏手稿，這些努力不曾間斷。然而貧窮與內亂當前，這些努力顯得難以為繼。

—譯註—

1 中古時代的教宗首席權，既指教宗針對信仰和道德擁有訓誨權，更指教宗擁有管理教會的統治權及管理一般俗務的政治權。

2 一種教會體制，教會中的最高權威是主教（bishop）。目前實施主教制的教會包括天主教、東正教、西亞北非等地的古老教會，以及基督教的聖公會等。

3 由伊斯蘭教最高統治者哈里發（caliph）領導的國家。哈里發一詞意指先知的繼承人，繼承穆罕默德在伊斯蘭世界的角色。

4 穆罕默德唯一參與的一次朝覲，一路上穆罕默德的舉止，成為日後穆斯林們朝覲時的典範。

5 麥加謝里夫是對麥加及麥地那兩地領袖的敬稱。在阿拉伯語中，謝里夫意指「貴族」。

6 對伊斯蘭教領導人物的稱呼，這裡應是指領導廷巴克圖各所伊斯蘭學校的教長。

第五章

晚期中古世界

撒馬爾罕（Samarkand）

從西元前二世紀開始，歐洲和亞洲因為絲路而連結起來。絲路作為連結兩大陸的貿易路網，一直持續到十五世紀中期。沿途中最重要的驛站之一，就是中亞地區的宏偉城市撒馬爾罕。

撒馬爾罕的歷史可以遠溯至西元前七世紀，當時撒馬爾罕是中亞文明古國粟特（Sogdiana）的一部分。西元前六世紀中期，粟特遭阿契美尼德帝國占領，波斯城的阿帕達納宮展示了粟特人向波斯人進貢。西元前四百年，粟特短暫贏得獨立，之後在西元前三二九年被亞歷山大大帝征服。進入希臘世界的撒馬爾罕成為絲路的樞紐，從那裡往西可以到達中東地區，往南可以通向印度。粟特商賈促進中國與印度的連結，並形塑出通往拜占庭帝國的路線。粟特商人買賣的商品包括黃金、白銀、番紅花、胡椒、樟腦、亞麻以及最重要的絲綢。佛教經由粟特人傳播，從印度北部進入東亞，撒馬爾罕當地也有佛教信仰（同時還有祆教、印度教、猶太教、摩尼教和基督教）。撒馬爾罕的果園聲名遠播，出產的桃子碩大且色呈金黃，中國也有珍藏。

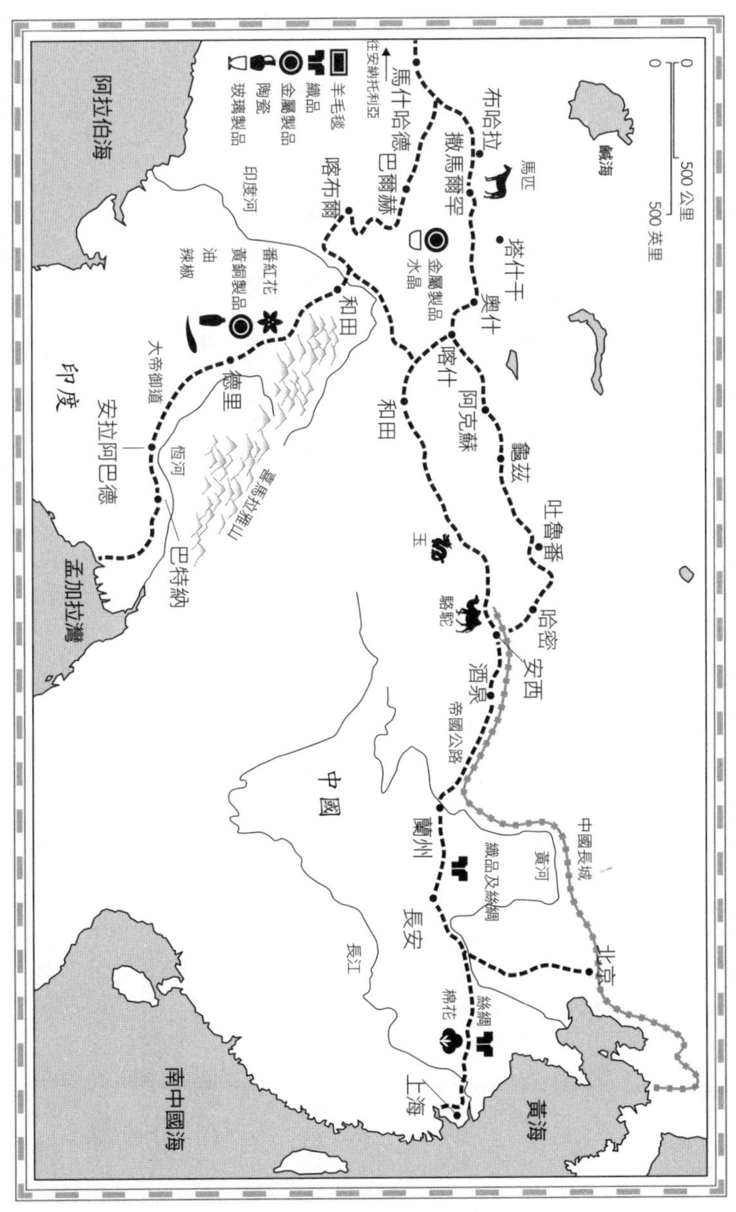

西元十三至十四世紀絲路主要路線及貿易商品。

從西元三世紀到七世紀，撒馬爾罕歷經許多占領者，包括游牧民族挹怛人（Hepththalites）、突厥人（Göktürks），並且成為中國唐朝的附屬國。西元八世紀初期，倭馬亞哈里發占領撒馬爾罕，將該城納入延伸至北非大西洋岸的廣大文化經濟網絡中。大多數撒馬爾罕人成為穆斯林，撒馬爾罕也成為伊斯蘭教的主要學習地。九世紀和十世紀時，撒馬爾罕多半隸屬薩曼帝國（Samanid Empire），由伊朗的一個穆斯林王朝統治。之後撒馬爾罕接續由不同的突厥民族統治。

十三世紀初期，一股新勢力來到撒馬爾罕，即蒙古人。游牧民族蒙古人來自歐亞大草原（Eurasian Steppe），那是東歐一路延伸至滿州地區的草原帶，長達八千公里。

卡法與黑死病（Caffa and The Black Death）

絲路是鼠疫桿菌（Yersinia pestis）的傳播管道，就是這種細菌導致黑死病。黑死病大流行起自亞洲某地區，可能是經由克里米亞（Crimea）的貿易港口卡法（今日的費奧多西亞〔Feodosia〕）傳入歐洲。當時有記載提到一三四六年蒙古人包圍卡法，朝城牆內發射受瘟疫感染的屍體，以感染守城者。一些逃離卡法的人帶著瘟疫進入義大利，瘟疫就此從義大利傳播到北非和歐洲各地。疫情大爆發一直持續到一三五一年，在全球奪走逾一億條人命。

蒙古人驍勇善戰，是出了名的複合弓能手，從坐騎上射箭精準地嚇人。從歷史來看，蒙古人多半不是統一的部族，而是一群相互交戰的部落。名將之子鐵木真（Temujin，1162－1227）從一一九〇年開始統一各部落，高壓懷柔並施，最終促成一場部落首領集會，一二〇六年時高喊鐵木真為「成吉思汗」（Genghis Khan，世界領袖之意）。

雖然成吉思汗和蒙古人以騎兵「群」（horde）[1]聞名，他們也訓練戰鬥工兵和蒐集情報的間諜，這是因為長時間圍城，讓地方牧草的消耗風險提高，容易造成前線的供給問題。襲擊中國並征服周邊領地的成吉思汗，一二一九年將目光轉向穆斯林中亞。隔年成吉思汗抵達撒馬爾罕，屠殺大批守備部隊。撒馬爾罕投降後仍然遭到洗劫，如此的對待其實並不罕見。蒙古人會粗暴對待反抗的城市，以「鼓勵」其他城市選擇和平投降。

一二二七年成吉思汗死後，其子窩闊台（Ögedei，1186－1241）繼位，將蒙古帝國疆域擴張至東亞，讓韓國成為附庸國並進攻中國，之後往西在波斯和高加索地區作戰。窩闊台的統治，意味著整條絲路只有一個統治者，貿易變得容易許多。一二三六年，蒙古人入侵歐洲，挺進波蘭和匈牙利，直到一二四一年窩闊台死後才停止進攻。等到有力的新可汗蒙哥（Möngke，1209－1259）出現，已是七年內戰之後，蒙古帝國的團結已經開始瓦解。在西方，欽察汗國（Golden Horde）[2]自蒙古帝國分裂出來，在俄羅斯諸公國的領土上建立主權，強迫他們進貢。直到一四八〇年代莫斯科大公國（Princes of Muscovy）帶頭反抗，俄羅斯諸公國才擺脫「蒙古的枷鎖」（Mongol Yoke）。在中東，轉信伊斯蘭教的蒙古人建立名為伊兒汗國（Ilkhanate）的政體，在十四世紀中期瓦解。最後，成吉思汗的孫子忽必烈汗（Kublai Khan，1215－1294）征服大半個中國，自立為元朝首位皇帝，一直持續到一三六八年。

撒馬爾罕成為蒙古第四個繼承國察合台汗國（Chagatai Khanate）的一部分。初次洗劫過後，蒙古人大舉投資撒馬爾罕以提高其重要性，鼓勵巧工能匠遷居到此地。尤其蒙古人帶來了工人，維護市郊疏於照顧的果園和牧地。然而，隨著蒙古的威權在十四世紀崩解，其他草原民族填補了這個權力空缺。其中一個令人生畏的人物，就是生於今日的烏茲別克、具有蒙古及突厥血統的穆斯林帖木兒（Timur; Tamerlane，1336－1405）。一三六〇和一三七〇年代，帖木兒征服了大半中亞和波斯地區。當他占領撒馬爾罕後，他將該地定為帖木兒帝國（Timurid Empire）的首都。

帖木兒從遙遠的大馬士革帶來工匠美化他的宅邸，他的宮廷裡處處是如男性大腿一樣粗的裝飾金樹，樹上掛著珠寶製成的「水果」和黃金製成的「樹葉」。他還打造一條商店林立的中央大街，並建造許多清真寺。一三九八年，帖木兒入侵印度，破壞並洗劫德里，隨後在一四〇〇年入侵中亞和安納托利亞。他的下一個目標是征服中國，不過在計畫實行前死於熱病。撒馬爾罕仍然隸屬帖木兒帝國，擁有一座一四二〇年代建成（可惜一四四九年遭宗教狂熱分子摧毀）的宏偉天文台。帖木兒帝國最後成為一個靠強索貢品維生的鬆散政體，因繼位爭奪不堪其擾，在十六世紀初遁入歷史。撒馬爾罕接著步入衰微，到了十八世紀初期多半已遭見棄。然而十九世紀中期，撒馬爾罕因為成為俄羅斯帝國（Russian Empire）的屯駐地和行政中心而部分復甦，當時俄羅斯帝國正擴張進入中亞地區。一八八八年撒馬爾罕成為新建造的中亞鐵路（Trans-Caspian Railway）車站，再次成為重要的貿易樞紐。一九二四年，撒馬爾罕和烏茲別克其他地方正式成為蘇聯（Soviet Union）一分子，直到一九九一年贏得獨立。

嚴島神社（The Itsukushima Shrine）

嚴島神社是日本最珍貴也最受敬重的景點之一。身為日本建築工藝的恆久代表，嚴島神社的鮮紅建築看來就像是浮在水上。

瀨戶內海隔開了五座日本主要島嶼中的三座：本州、九州及四國。瀨戶內海北側海岸外鄰近廣島市的地方，有一座大小約三十一平方公里的小島稱為嚴島，以宮島之名為人所知。宮島意指「神宮之島」，因為島上有諸多神社坐落。

神道是日本的主要宗教。神道意謂「神靈之道」，最重要的特色是神靈（kami）崇拜。神靈普遍存在於自然界，也包括受人敬重的祖先。祂們被供奉在大型公共神社裡受人祈求保佑。嚴島上最醒目的地標是彌山，部分由原始森林披覆。這座聖山因為據傳有神蹟發生而聞名。嚴島自然而然成為神社的首選，西元五九三年一座神社建於此地。大約六世紀後，在大名（封建領主）平清盛（1118 – 1181）的資助下，神社重建成今日的樣貌。平清盛崛起成為日本的實質統治者，權力甚至比天皇要大。

日本天皇自西元前七世紀開始當政，宣稱自己是最強大神靈的後代，因而得名天皇，意謂天上的最高主宰者。儘管有這樣的地位，天皇時常發現自己有名而無實權。從十世紀起，貴族們開始雇請武士累積自己的實力，為凌駕天皇、控制整個國家而爭鬥，導致權力自京都（七九四到一八六九年身為日本首都）固有的宮廷貴族手上，轉移到以莊園及個人軍隊為權力基礎的地方氏族手中。

平清盛就是這樣氏族的一員。他來自平氏家族，固執己見且冷酷無情，因為擊敗暴徒而一戰成名，獲得安藝守的職位。嚴島即是在安藝轄內。一一四六年，平清盛接掌安藝守，之後一位僧人出現在他的夢中，告訴他若在嚴島建一神社，可以保其富貴功名。神社被想像成天界的再現，典雅風格與貴族宅邸相互輝映。神社建築由寬四公尺、長近三〇四公尺的迴廊連結。神社最具代表性的特徵就是大鳥居（今日的大鳥居建於一八七五年），立於石椿之上，讓神社就像是浮在水上一樣。從大鳥居所在的軸線往神社內延伸，會穿過祓殿、拜殿、幣殿和本殿，之後直往彌山。傳統上入社時是乘船通過大鳥居。平清盛熱中收藏宗教藝品和聖典，也將藏品奉獻給許多宗教機構。他將《平家納經》捐給嚴島神社，這是一部平清盛和其他家族成員抄寫的三十二卷經文集，每卷都鋪張地以黃金裝飾，並且有豐富的插圖。平清盛多次蒞臨嚴島神社朝聖，為其成功向神社致謝。他的造訪有實質上的好處，他可以順道勘查瀨戶內海的貿易利益，並且因為與中

國貿易而受惠。為了刺激商業，平清盛建設新港並改善現有港口，大幅增加了西日本的海上貿易。

嚴島神社的建成與平清盛的崛起相互呼應。一一五三年平清盛成為平家首領，一一六〇年他擊敗敵對的源家勢力，扶植平家成為日本的首要家族。一一六七年平清盛獲任國家最高官職太政大臣。平家地位高升後的一個象徵，就是一一七一年時平清盛的女兒嫁給了高倉天皇（1161－1181）。兩人之子安德（1178－1185）生於一一七八年。接下來兩年，平清盛在朝廷樹敵不少，之後他監禁高倉天皇，強迫天皇遜位，在一一八〇年時將皇位傳給安德。這件事對許多人來說難以接受，隔年平清盛死於熱病，許多人還因此感到欣喜。那時日本陷入平家與源家之間的內戰，一一八五年源家占了上風。當敗局已定，據說安德的外祖母帶著小天皇投海，防止他落入敵人手中。高倉的另一子成為天皇，不過源家首領源賴朝（1147 – 1199）成為日本真正的統治者。一一九二年，源賴朝獲得「將軍」[3]頭銜。這個頭銜本來是給予成功的將軍，不過變成代替天皇統治的人。將軍控制日本一直到一八六八年天皇權力恢復之時。

浦賀港（Uraga Harbour）

一五四三年，葡萄牙商人成為第一批與日本接觸的歐洲人。西方人與日本貿易一直到一六三〇年代，其後幕府推行鎖國政策，嚴格限制外國影響。

到一八五三年一切改變了，美國海軍准將馬修．培里（Matthew Perry，1794 – 1858）率領四艘蒸汽戰艦組成的艦隊，進入東京灣的門戶浦賀港。這是典型的砲艦外交（gunboat diplomacy），日本政府被迫結束國家孤立，向西方敞開大門。

儘管平家勢力旁落，嚴島依然重要，因為許多貴族（以及平民，尤其是漁民、船員和商人）都在那裡參拜，並以捐獻珍寶或資助建設等方式贊助神社。嚴島本身被視為一座神聖之島，這意味著不允許任何出生或死亡在島上發生，生產日將臨的懷孕者被要求到內陸去。一五七一年，武將毛利元就（1497－1571）重建嚴島神社主殿，使其成為日本最大的神社之一。毛利元就這麼做是出於懺悔，一五五五年當整個國家為內戰所擾，他在嚴島上開戰，褻瀆了這個神聖之地。

十九世紀末到二十世紀初，就在一八五三年被迫向西方敞開門戶之後，日本開始急速現代化。日本變成一個殖民帝國，統治韓國、台灣和滿州部分地區。一九三〇年代日本領土持續擴張，一九四一年進入二戰軸心國陣營後，更進一步將領土延伸至中國、東南亞和太平洋諸島。經過一九四五年八月廣島及長崎的原子彈攻擊後，日本終於落敗。裕仁天皇（1901－1989）放棄神格宣言，成為投降的一方。嚴島有幸熬過戰爭毫髮無傷，並且受到細心維護。二〇〇四年一場颱風使其受損，到了今日也已經修復。

特諾奇提特蘭（Tenochtitlan）

十五世紀時，阿茲提克帝國（Aztec Empire）立都特諾奇提特蘭，統治大半墨西哥。一五二一年歐洲新勢力西班牙到來後，帝國和特諾奇提特蘭都面臨毀滅厄運。

墨西哥谷地（Valley of Mexico）是一座火山環繞的大型內陸盆地，擁有肥沃的土壤和鹹水湖。一二五〇年左右，一群墨西加人（Mexica）自北方遷移到谷地，起初在查普爾特佩克（Chapultepec）定居。查普爾特佩克是一座地鄰沼澤的荒蕪山丘。因為與地方首領起爭執，墨西加人被迫再次遷移，四處流浪尋找新家。根據傳說，預言指示當他們看見一隻老鷹在仙人掌上食蛇，他們就會知道到了對的地方。一三二五年左右，墨西加人在特斯科科湖（Lake Texcoco）沼地上一座島嶼看見了這個景象，導致他們在那裡建立特諾奇提特蘭（意謂「仙人掌果實之地」）。

這個地點頗具看頭，因為鹹濕的沼澤地提供許多野生動植物。此地也是奇南帕（chinampa）農耕類型的理想發展地。奇南帕是將木樁一根根插入湖底，在其上倒入淤泥後開墾而成的田地。人口迅速增長，從一三六七年起，墨西加人向特帕內克人

（Tepanec）稱臣，特帕內克人的王國是當時該地區的強權。一三七二年，特諾奇提特蘭出現了第一位國王（稱為特拉托阿尼〔tlatoani〕），是一個叫阿卡馬皮奇特利（Acamapichtli，死於一三九一年）的貴族。阿卡馬皮奇特利將王位傳給兒子維齊利維特爾（Huitzilihuitl，死於一四一五年）。

大約在一四二七年，維齊利維特爾同父異母的弟弟伊斯科阿特爾（Itzcoatl，死於一四四〇年）成為國王。隔年，伊斯科阿特爾加入特斯科科（Texcoco）和特拉科潘（Tlacopan）兩城邦，成為三國同盟，齊力對抗並擊敗特帕內克人，之後占領墨西哥谷地多數地區和鄰近區域。特諾奇提特蘭和墨西加人成為這個政體中的主導勢力，以阿茲提克帝國為人所知。墨西加人並沒有稱呼自己為阿茲提克人（阿茲提克意指「來自阿茲特蘭〔Aztlan〕的人」，阿茲特蘭是墨西加和當地其他族群的神祕發源地），不過從十九世紀初起，他們普遍以阿茲提克人這個稱謂為人所知。

隨著特諾奇提特蘭此刻成為帝國首都，整座城市變得更加宏偉，建築改造一直持續到十五世紀末。特諾奇提特蘭以特奧蒂瓦坎（Teotihuacan）為原型，擁有規律的棋盤式街道，儘管長長的運河在城內交錯。特諾奇提特蘭有三條主要堤道與陸地連結，每隔一段時間就要切斷，讓獨木舟通行，同時可以架上跨橋，倘若城市遭攻擊還可拆除。一座石造輸水道越過西側堤道，給城市帶來清新的溫泉水。東側還建有一座堤壩，阻絕較鹹的湖水。一四七三年，特諾奇提特蘭併吞鄰近的特拉特洛爾科（Tlatelolco，由另一族墨西加人建立），就在同一座島的北側。特拉特洛爾科被納入特諾奇提特蘭，以市集聞名。據說高達六萬人聚集在此地買賣羽毛、菸草和奴隸等商品，使用的貨幣包括可可豆、棉製斗篷和鋪上金粉的羽毛筆。交易及價格都有檢查員監督，竊賊會受到毆打致死的處罰。特諾奇提特蘭市中心高地是一處被「蛇牆」（Snake Wall）結構包圍的神聖區域，這裡是阿茲提克帝國的宗教心臟，自此主要幹道往四個主要方向延伸出去。蛇牆之內至少有七十八棟建築，其中最大者是大神廟（*Templo Mayor*，阿茲提克語名稱是 *Huey Teocalli*，即「大神廟」之意），為一座巨大金字塔，一同獻給最高雨神暨農神特拉洛克（Tlaloc），以及戰神暨城市守護神維齊洛波奇特利（Huitzilopochtli）。金字塔的雙梯因為人血獻祭而染紅，其下有稱為骷髏頭石台（tzompantli）的構造，是一座藏有數千顆遭砍頭顱的骷髏架。

到了十六世紀初期，特諾奇提特蘭擁有約二十萬人口，成為當時世界上最大城市之一。其所展現的勢力終結在西班牙征服者埃爾南・柯爾特斯（Hernán Cortés，1485－1547）手上。一五一八年，古巴總督准許柯爾特斯在墨西哥展開考察。柯爾特斯在一五

一九年二月出發，不過古巴總督在最後一刻撤銷了他的決定。柯爾特斯擁有五百名配備火藥、武器和鎧甲騎兵的部隊，這些東西阿茲提克人聞所未聞。

特奧蒂瓦坎（Teothihuacan）

特奧蒂瓦坎坐落在特諾奇提特蘭東北四十八公里處，全盛時期介於西元前一百年到西元後六百年，人口逾十萬，城內有許多令人印象深刻的歷史遺跡。特奧蒂瓦坎建城者的確切身分不得而知，西元前七世紀後遭遺棄成為廢墟，原因也不得而知。特奧蒂瓦坎（意指「眾神誕生處」）的原名也確實無人知曉，目前這個名字是由阿茲提克人命名，對他們來說，這裡是一個重要的朝聖地。

柯爾特斯踏上墨西哥土地後，隨即邁向特諾奇提特蘭，一路上贏得幾場勝利，在十一月八日進城。在位的國王蒙特蘇馬二世（Moctezuma II，約 1466 – 1520）起初歡迎西班牙人到來並慷慨賜禮，懷著伺機擊敗對方的希望。然而很快地，國王發現自己成為柯爾特斯的人質，柯爾特斯試圖讓國王成為傀儡統治者。隔年四月，柯爾特斯離開特諾奇提特蘭，迎接一支遣自古巴、要他屈從的遠征隊，城裡只留下一位中尉和八十人部隊。五月二十二日，西班牙人屠殺數百位正在舉行宗教慶典的阿茲提克貴族，造成地方反抗。西班牙人發現自己遭圍城近一個月，在六月三十日一場午夜暴風雨的掩護下逃離（蒙特蘇馬二世約在這時遭到殺害，可能是出自臣民之手）。

然而，西班牙人留下了天花，人民對這種疾病沒有天然抗體，疫情橫掃整座城市，奪走新國王奎特拉瓦克（Cuitláhuac，約 1476 – 1520）的性命。奎特拉瓦克在位僅僅八十天。一五二一年五月，柯爾特斯帶著援軍和急於擊敗阿茲提克人的地方同盟勢力，一起回到特諾奇提特蘭。柯爾特斯展開圍城行動，切斷水源和食物供應，步步進逼。最後攻擊在八月十三日展開，國王夸烏特莫克（Cuauhtémoc，約 1495 – 約 1525）被俘虜，勝利部隊花了四天時間洗劫特諾奇提特蘭，並且屠殺人民。阿茲提克帝國灰飛煙滅，特諾奇提特蘭成為荒煙漫草，柯爾特斯成為新西班牙（New Spain）的首任總督。新西班牙的殖民統治一直到一八二一年，範圍就在今日的墨西哥以及北方和南方領地。儘管任其荒蕪，特諾奇提特蘭還是被選為新西班牙的首都所在地，日後發展成為墨西哥城（Mexico City）。

布爾澤寓所（Huis Ter Beurse）

西方資本主義的發跡，最早可以追溯到中古時期，當時一個發達的商業中心就是布呂赫（Bruges; Brugge），迎接來自歐洲各地的商賈。許多商人聚集在布爾澤寓所，這是一座供人來此洽商的旅館。

位於法蘭德斯地區（Flemish）的布呂赫城，一一二八年時獲得憲章。身為中古時期的經濟樞紐，布呂赫與波羅的海、地中海及北海地區有貿易連結。布呂赫的經濟支柱是紡織業，販賣伊珀爾（Ypres）、

根特（Ghent）、杜埃（Douai）等城製造的紡織品。布呂赫能夠成為商業樞紐，是因為擁有直通北海的出潮口，這也表示它能夠引進英格蘭的羊毛貨物。

因應來訪布呂赫的商人需要，這裡開設許多旅館。這些旅館除了提供飲食住宿，還舉辦論壇，交換價格、匯率及最新政治發展等新訊。旅館時常與兌幣者打交道，也開始向顧客收取訂金，並且貸款給顧客。如此一來，這些旅館成為正式金融體制缺乏下的關鍵交易促成人。他們將取代原本商人聚集的短暫交易集會，成為新的主要論壇地。

漢薩同盟（Hanseatic League）也被布呂赫吸引。布呂赫已經成為東西貿易路線的主要終點站，這條路線一路延伸到俄羅斯西北的諾夫哥羅德（Novgorod）。布呂赫設立了一座商站（kontor），成為低地國（Low Countries）[4]貨物銷售的主要市場。從十三世紀末起，義大利商人以熱那亞人（Genoese）為首開始來到布呂赫。他們大部分在市中心弗萊明街（Vlamingstraat）盡頭的交易所廣場（Beursplein）立足。交易所廣場以布爾澤（van der Beurse，字面上意思是「錢包的」）家族的名稱命名。十三世紀中期，布爾澤家族以中間商和旅館業主的身分崛起，在交易所廣場建起一棟棟房子。家族旅館以布爾澤寓所之名為人所知，有三個石雕錢包作為標誌，成為義大利商人的重要集會場所。

漢薩同盟（Hanseatic League）

從十三世紀中期起，兩百餘座日耳曼城鎮攜手合作，管控波羅的海沿岸一帶的商業活動。他們成立一個稱為漢薩同盟（「漢薩」是德文「聯盟」之意）的聯盟，獨占波羅的海的貿易。漢薩同盟的中心樞紐是呂北克（Lübeck），同盟的治理規範就是在此擬定。面對諸如波蘭、俄羅斯、瑞典等國的競爭，漢薩同盟從十五世紀晚期開始式微，最後一次集會是在一六六九年。

十四世紀末時，布爾澤家族離開布呂赫移居安特衛普（Antwerp），這裡與德國貿易更具有地理優勢，仍然能經由須爾德河（River Scheldt）通往北海。布爾澤家族的寓所出售給威尼斯人，他們將寓所作為威尼斯人的布呂赫貿易殖民地總部，直到一五〇五年總部再度成為旅館。布爾澤家族自布呂赫遠走他鄉，是這座城市在十五世紀衰退的徵兆，一如許多商人也離開了這座城市。布呂赫不再是個吸引人的地點，因為通往北海的水灣淤塞，奪走了布呂赫直通北海沿岸各地的優勢。連漢薩同盟這個布呂赫如日中天時的擁護者，都在一四七七年時將布呂赫自西北歐主要市場地位中移除，實質地放棄了這座城市。

隨著布呂赫日漸衰微，安特衛普取而代之，成為西北歐最重要的經濟中心，延續布呂赫的貿易遺產。一五三一年，安特衛普的戶外廣場上建起廊道，為商人們提供遮蔽處。這裡成為繼布呂赫旅館之後知名的歐陸「證券交易所」（bourse），匯票及商品在此進行買賣。其後，歐洲各地有組織的交易場所或買賣市場，便都以「證券交易所」稱之。安特衛普和布呂赫一樣也將失其地位，不過原因不同。到了十六世紀中期，大多數低地國是在西班牙哈布斯堡家族（Habsburgs）治下，哈布斯堡家族因為意圖實施中央集權統治而與地方百姓衝突。此外，基督新教（Protestantism）在低地國贏得許多追隨者，與堅定信奉天主教的哈布斯堡家族關係日益緊張。一五六八年，一場反叛行動爆發，支持反抗的安特衛普陷入爭鬥。一五七六年安特衛普遭西班牙人洗劫，一五八五年成為西班牙人的永久占據地。數以千計新教徒逃離，荷蘭反叛者堵住須爾德河，阻斷其與北海的通道。除此之外，安特衛普的確維持住一定程度的經濟地位，不過光芒很快就被阿姆斯特丹（Amsterdam）蓋過。這座荷蘭城市歡迎許多逃離安特衛普的市民到來，同時歡迎被葡萄牙驅逐的猶太人。阿姆斯特丹成為荷蘭共和國建立的航海帝國樞紐，也

是世界上最活絡的貿易轉口港之一。

歷經中古「黃金時代」後，布呂赫失去經濟重要性。布呂赫保留了中古舊城區，成為往昔光榮的代表紀念物。一九〇七年，以運河與布呂赫相接的澤布呂赫港（Zeebrugge）開港，多少給布呂赫帶來往日的好運，也刺激了觀光。布呂赫在兩次大戰期間都遭德軍占領，不過幸運地免於被摧毀。整座城市包括布爾澤寓所在內的歷史中心區，在兩千年時成為聯合國教科文組織選定的世界遺產。

威尼斯（Venice）

中古時期地中海地區最強盛的貿易勢力，就是威尼斯共和國（Republic of Venice）。威尼斯共和國利用絲路，建立起延伸到印度和中國的貿易路線。威尼斯人在義大利其他地方和亞得里亞海（Adriatic）東岸取得了一些殖民地，並統治一些希臘島嶼和賽普勒斯（Cyprus）。十六世紀時，威尼斯人失去多數海外殖民地。一七九七年威尼斯共和國解散，領土由法國和奧地利分治。

景福宮（Gyeongbokgung）

李氏王朝統治朝鮮逾五世紀，建立起繁複的行政組織架構，同時促進研究與貿易。李氏王朝在漢城[5]建立新都，是王宮景福宮的所在地。

高麗王國自西元九一八年建立後就統治著朝鮮半島，卻在十四世紀晚期因為戰事和蒙古進犯而地位受損。隨著國家陷入混亂，一三九二年李成桂（1335 – 1408）將軍奪權。廟號太祖的李成桂建立起新王朝，並將王國改名朝鮮。李成桂宣稱前王朝道德敗壞，失去的天命由他承接，以此合理化自己的奪權行動。

太祖和其子嗣推行許多改革，給朝鮮文化及社會帶來長久影響。他們都是宋明理學的支持者，此一派別建立在社會和諧與秩序的道德規範上。孔子鼓勵這樣的道德規範，不過更重視民族主義和世俗主義。太祖因此將佛寺土地充公，重新分配給他的支持者們。

一三九四年，太祖遷都漢陽（Hanyang），即是之後的首爾，韓語原義「首都」，一九四八年以後才正式改名。一三九五年，太祖開始建造王宮景福宮（「上天厚福之

宮」之意），日後成為李氏王朝最重要的宅邸。景福宮是一座擁有逾四百棟建築的廣大建築群，也是李家於首都所建的五座王宮中最大的一座。景福宮格局坐北朝南，四周圍有石牆，並在四個方位各開一門。主門位於南邊，以「三座虹霓門」[6]為人所知，有三座拱門立於花崗岩地基上。漢陽被打造成一座宏偉的首都，逾十萬名勞力被迫徵召到此，建造這座棋盤式城市（仿照中國皇城格局）的宮殿、房舍、城牆及大門。

朝鮮君主中最偉大者，是太祖的孫子世宗大王（1397－1450），在一四一八年即位。世宗大王受到一個複雜的官僚體系擁戴，其中行政官員畫分成九個階級，再細分成資淺和資深。官員的行為與地位受法律管制。一個稱作都察院（Censorate）的部門指示國人的操行，嚴密監督官員的公開活動及私人生活。政府公職由公開招考決定，可能的入選者需要接受古典漢文和儒學經典的測驗。在李氏王朝期望創設的命令中，一個代表就是《號牌法》（hopae）。號牌是經政府官員用印後的識別牌，所有逾十五歲的男性都必須製作此牌並隨身攜帶。然而實務上，這項一四一三年擬定的強勢法案並沒有確切落實。

儘管世宗大王是一位獨裁君主，他卻時常向大臣請益，大臣們於是敢於提出問題。世宗大王的主要施政目標之一是改善農業。他召集有識之士撰寫農民實用資訊手冊，讓他們更具有生產力。手冊在一四二九年發放給地方官員。可能是這個原因，從一四〇〇年到一五五〇年，有更多土地售出以供開墾，耕地數量達原來的兩倍之多。世宗大王透過水鐘的設置統一整個國家，並且在持續擴建的景福宮裡設置量儀，作為全國的標準。世宗大王身後留下十八名子嗣，一四五〇年駕崩後，造成極激烈的繼位爭鬥，朝鮮國因此衰微。

韓字（Hangul）

世宗大王的強國之舉，其中之一就是設立一個學者及研究者機構，稱為集賢殿（Hall of Worthies）。集賢殿最重要的成就，就是新字母表。在世宗大王之前，朝鮮人使用漢字書寫，但漢字與朝鮮語言並不相配。世宗大王監督創設一組全新且更簡易的字母表，稱為韓字（韓語原義指「大字」或「韓字」）。一四四六年頒布的韓字僅有二十四個字母，學習及使用更為容易。

十六世紀晚期，景福宮經歷了激烈的苦難。一五五三年，景福宮因遭遇祝融，需要大規模重建。更慘的事隨之而來，一五九二年配備西方火藥的日本軍隊入侵朝鮮半島[7]。隨著大軍壓境，朝鮮君主棄守漢陽。被拋下在首都的奴隸們群起反叛，焚燒政府建築，部分意圖在於摧毀記錄他們不自由地位的名冊。縱火加上入侵者的破壞，意謂景福宮已經摧毀殆盡。戰爭持續到一五九八年，由於中國的協助，朝鮮逼迫日本撤退。王室挑選漢陽另一處宮殿昌德宮（Changdeokgung）作為寓所，景福宮遭到遺棄。

景福宮的重建是在一八六五年到一八六九年高宗（1851－1919）在位之時。重建後的王宮有逾三百棟建築及七二二五間房，再次成為朝鮮君王的權力中心。然而，景福宮卻成為日本勢力延伸到朝鮮半島的預計目標。一八九五年，高宗妃子之一明成皇后（1851－1895）在景福宮遇害，她一直敢於反抗日本的影響。行凶之人是潛入王宮的日本間諜。高宗和其繼承人棄守景福宮，將宮廷重新落腳於另一宮殿德壽宮（Deoksugung）。為了護衛主權並展現朝鮮獨立於日本，一八九七年高宗在德壽宮稱帝並宣告大韓帝國成立。如此舉動並沒有阻止日本逐步進犯，一九〇五年朝鮮成為日本的保護國，五年之後日本併吞朝鮮，正式結束李氏統治。景福宮面臨嚴重破壞，一九一五年許多廳堂遭拆毀，取而代之的是展示工業技術的臨時建物。日本殖民當局為了彰顯權力，在景福宮大門附近蓋起中央行政機關（直到一九九五年才拆除）。到了一九四五年日本統治結束，景福宮僅有少數建物完好無缺。

今日的景福宮是國立古宮博物館（National Palace Museum of Korea）所在地，建於一九〇八年，珍藏過往王室的藝術品和寶物。同樣位於此地的是國立民俗博物館（National Folk Museum of Korea），以及蒐集自全國各地的佛寺仿製模型（這有點爭議，畢竟李氏王朝支持的是宋明理學）。南韓政府已經投下大筆資金重建景福宮。持續不斷的修復之舉，是對民族歷史感到驕傲的重要象徵。

庫斯科（Cusco）

印加帝國（Inca Empire）是安地斯山脈興起的三千年豐富文明之巔。當地人稱印加帝國為Tawantinsuyu（意指「四方之地」），涵蓋西南美洲四千公里長的土地，人口高峰時逾一千萬。印加帝國立都在庫斯科。

相傳印加人來自庫斯科南方二十四公里處、有三座洞穴的帕卡里坦布村（Paqari-tampu）。來自中間一座洞穴的是印加王朝傳說的創始者曼科・卡帕克（Manco Cápac），以及他的三個兄弟與四個姊妹。他們的子民則來自左右洞穴。曼科・卡帕克自兄弟中崛起掌權，帶領子民們越過安地斯山脈尋找住處。人稱薩帕印加（Sapa Inca，「唯一的印加」）的曼科・卡帕克，被之後的領導者追溯為先祖。印加人最後落腳庫斯科，並驅趕當地居民。不論印加創始神話的真實性如何，印加人確實在十二世紀時定居庫斯科，就在一處海拔逾三三五三公尺，擁有山泉灌溉的蔥鬱山谷頂端。庫斯科之名有多個涵義，包括「岩石露頭」、「乾涸河床」或「中心」之意，或者是指一種稱為cozco的石造領土界碑。

十六世紀初期的印加帝國。

庫斯科建城後，印加人稱地為王，擊敗鄰近村落並強迫村人進貢。十四世紀中期以前，印加人往庫斯科谷地外探險，同樣擊敗數個部落。在薩帕印加帕查庫提（Pachakuti，1418－1471／2）統治下，印加成為帝國勢力，往南擴張領土到的的喀喀湖（Lake Titicaca），往北擴張領土到今日的厄瓜多。帕查庫提在位時，庫斯科達於鼎盛，城市蔓延至四周聚落，人口達十五萬左右。城市的核心範圍有四十公頃，可能是由帕查庫提自己所規畫，據稱外形如一頭美洲獅。岩石渠道沿著鋪石街道設立，提供居民用水，儲水倉每隔四天即會補滿。

庫斯科的中心是一座大廣場，被瓦塔奈河（Huatanay）畫分成兩部分：Awkaypata（「哭泣之地」）與 Kusipata（「歡欣之地」）。廣場供儀式祭典使用，比如新統治者的授權儀式。Awkaypata 覆有太平洋岸之砂土，砂土下埋有金銀塑像，並且時常有往生統治者的木乃伊（或其聖像），按階級排坐。庫斯科北郊的薩克塞瓦曼（Saqsawaman）可以俯瞰整座庫斯科城，並且有巨大的階梯石牆。這裡集結有堡壘、神廟及儀典中心。身為帝國首都，庫斯科是薩帕印加和家人的居住地。每位統治者都自行建造一座新宮殿，用來作為死後長眠之地。長眠之後室內陳設都會維持原樣，統治者的木乃伊或肖像也會由僕人照護。為求疆域鞏固，臣屬部落的首領們必須在庫斯科落戶，每年要在這裡居住四個月，並且要有一個兒子長居此地。

庫斯科在印加宗教裡頭扮演著關鍵角色，城內最大一座宗教建築太陽神殿（Coricancha），就是獻給庫斯科的守護神太陽神印地（Inti）。在帕查庫提的贊助下，太陽神殿獲大規模重建，並且鍍上黃金裝飾。到了十六世紀初期、帕查庫提的孫子瓦伊納．卡帕克（Huayna Capac，1464／8－1524）在位時，印加帝國範圍達到巔峰（逾一百八十萬平方公里）。瓦伊納．卡帕克採中央集權統治，擁有為數二十萬左右、訓練精良的常備軍。歐洲人的到來，讓印加帝國風雨飄搖，最終導致印加帝國滅亡。

法蘭西斯柯．皮薩羅（Francisco Pizarro，約1475－1541）是一個軍人的私生子，一五〇九年離開西班牙來到巴拿馬定居。一五二六年及一五二九年，皮薩羅兩度帶領遠征隊來到印加領地，目睹了驚人財富，導致他在一五三二年發動全面侵略（儘管只有一六八名兵力）。雖然兵力薄弱，皮薩羅卻擁有鋼鐵武器和鎧甲、火藥與戰馬。況且薩帕印加阿塔瓦爾帕（Atahualpa，約1502－1533）才剛經歷一場激烈內戰，擊敗手足即位為統治者。十一月十六日，皮薩羅在卡哈馬卡（Cajamarca）遭遇阿塔瓦爾帕。他襲擊印加軍隊，屠殺七千餘人，擄走阿塔瓦爾帕並要求贖金。印加人付了贖金，不過皮薩羅考量留下阿塔瓦爾帕活口會有風險，還是在一五三三年七月二十六日將阿塔瓦爾帕處決。這等於是給印加帝國敲下喪鐘。

皮薩羅隨後帶領手下攻上庫斯科，於十一月十五日占領該城。太陽神殿值錢者一概不留，神殿也交由道明會（Dominican Order）處置，道明會在四周蓋起了修道院。庫斯科正式重建成一座西班牙城市，不過皮薩羅決定定都沿海一帶，遂建立了利馬（Lima）。皮薩羅冊封阿塔瓦爾帕同父異母的弟弟曼科．印加（Manco Inca，約 1533－約 1544）為傀儡皇帝，將他軟禁在庫斯科。一五三五年十一月，曼科．印加初次設法逃離，不過被抓回軟禁，據說身上還被灑尿、睫毛也被燒掉。隔年四月，曼科．印加再度逃跑，告訴軟禁他的人說要去鄉間主持祭典，而且會帶回一座父親的真人大小黃金塑像。其後曼科．印加領導起義，反抗西班牙統治，一五三六年五月帶著逾二十萬士兵抵達庫斯科。西班牙統治者只有數百人部隊和一千名左右的當地盟軍，卻熬過十個月的圍城。曼科．印加撤退到內陸叢林中，在那裡建立起一個國家，一直持續到一五七二年。

不再是首都之後，庫斯科日漸衰微。圍城之時部分城區遭到燒毀，西班牙人也將多數建築解體，例如拆毀多數薩克塞瓦曼建造的階梯石牆（不過牆上許多石頭大到無法搬動，至今還留在原位）。為了除去 Awkaypata 的神聖性，西班牙人移除覆於其上的砂土，將之用於建築工程。原來的空間變成武器廣場（Plaza de Armas），並有兩座主教座堂在前。一六五〇年庫斯科經歷地震的嚴重破壞，城內多數地區重建成巴洛克風格，意味著今日僅留下一些曾經是大帝國首都的遺跡。

科索沃波爾耶（Kosovo Polje）

一三八九年科索沃戰役（Battle of Kosovo）揭開鄂圖曼統治巴爾幹地區的序章，幾世紀後鄂圖曼在該地區仍然留有重要影響。

新興的鄂圖曼帝國首次取得歐洲領土，是在一三五二年軍隊占領加里波利半島一處堡壘之時。隨著拜占庭帝國急遽衰微，鄂圖曼人在一三六九年之前就征服了亞得里亞堡（Adrianople，今日的埃迪爾內〔Edirne〕），開拓進一步擴張至巴爾幹地區的道路。此時巴爾幹地區住著斯拉夫人，他們是六及七世紀時來此定居的一支印歐民族。轉向基督教的斯拉夫人在巴爾幹建立了幾個國家，然而缺乏強大的中心勢力，使得他們在鄂圖曼人面前顯得不堪一擊。

從一三八五年到一三八七年，蘇丹穆拉德一世（Murad I，1326－1389）贏得一連串勝利，親眼見證鄂圖曼人挺進希臘北部和馬其頓南部。然而，一三八八年嘗試占領波士尼亞卻遭到阻礙，鄂圖曼人在比萊恰戰役（Battle of Bileća）中嘗了敗仗。面對挫敗，穆拉德一世以集結更大一支軍隊作為回應，裡頭包括一些斯拉夫同盟，並在隔

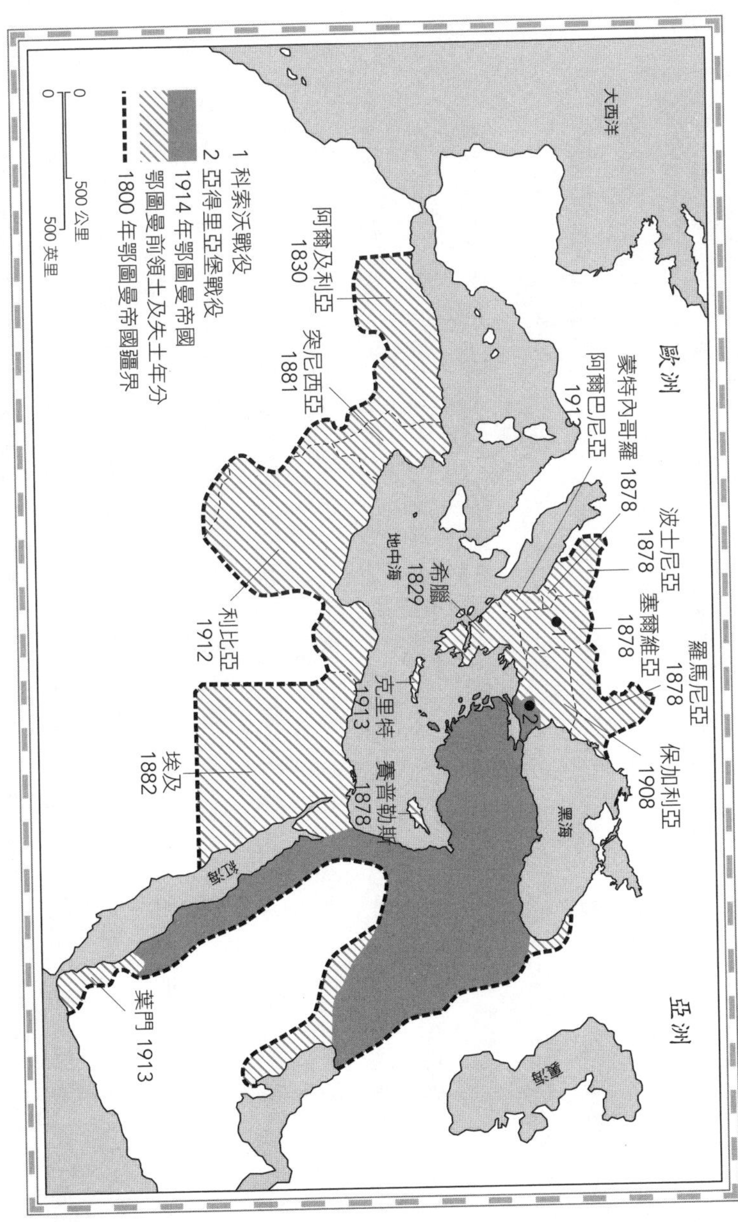

鄂圖曼帝國，約一八〇〇年到一九一四年。

年朝西挺進。當時最有權勢的斯拉夫領袖是拉扎爾．赫雷貝利亞諾維奇王子（Prince Lazar Hrebeljanovi，1329 – 1389），統治塞爾維亞最大的諸侯國。赫雷貝利亞諾維奇為了擊敗鄂圖曼人，組織了一個包含塞爾維亞人、波士尼亞人、保加利亞人、瓦拉幾亞人（Wallachians）及阿爾巴尼亞人的聯盟，其中甚至有一隊聖護騎士團（Knights Hospitaller，十字軍東征時成立的天主教騎士團）。

六月十五日，兩軍在普里斯提納城（Pristina）西北的科索沃波爾耶（黑鳥之地）相接。關於戰事的敘述互有出入，不過可能是陷入膠著且兩邊都損失慘重，包括兩方的指揮者。穆拉德一世被一位塞爾維亞人誘使現身而遭殺害，拉扎爾可能是遭同志背叛後被抓走處決。鄂圖曼人仍然可以從安納托利亞召來大批援軍，因此比較能夠承受損傷。塞爾維亞人並沒有同等軍力，失去拉扎爾，等於是奪走他們最具魅力的領導者。

儘管科索沃戰役是勝是負沒有定論，但是對許多塞爾維亞人來說，這場戰役在民族記憶裡就是一次重大挫敗，揭開鄂圖曼帝國壓迫的序章。之後數世紀，科索沃成為塞爾維亞人追求民族獨立的口號。如今戰場所在地取名為格濟梅斯坦（Gazimestan），源自阿拉伯語 ghazi（意指「英雄」）和塞爾維亞語 mesto（意指「地方」）。

穆拉德一世的兒子巴耶濟德一世（Bayezid I，1360 – 1403）繼承父位，娶拉扎爾之女為妻，以此讓塞爾維亞同意成為鄂圖曼的附庸國。到了十四世紀末，鄂圖曼人控制了大半巴爾幹南邊地區。只要這些領地按時繳稅並忠心不二，就能享有高度自治。基督教仍然是多數地區的主要宗教，不過許多地區改宗伊斯蘭教，尤其是阿爾巴尼亞和波士尼亞。科索沃地區成為鄂圖曼的一省（vilayet），人口組成中最大者是阿爾巴尼亞穆斯林。十五及十六世紀時，鄂圖曼帝國愈加強盛。一四四四年，鄂圖曼帝國擊敗波蘭—匈牙利聯軍，為進軍波士尼亞及赫塞哥維納鋪路。一五二一年鄂圖曼拿下貝爾格勒（Belgrade）。一五二六年第一次摩哈赤戰役（Battle of Mohács）匈牙利遭摧毀。鄂圖曼繼續往西挺進，一五二九年沒能拿下維也納，之後便折返。

鄂圖曼人不時面對巴爾幹人的反抗和高漲的民族情感，到了十九世紀末，希臘、蒙特內哥羅、羅馬尼亞和塞爾維亞各自獨立，保加利亞則為自治區（一九〇八年正式宣布獨立）。科索沃戰役對泛斯拉夫主義者留下深刻影響，他們相信巴爾幹各地區應該統一成為單一國家，免於任何外部勢力干涉。他們將憤怒投射到統治克羅埃西亞、波士尼亞及赫塞哥維納的奧匈帝國身上。所以一九一四年科索沃戰役週年之時，奧匈帝國王位繼承人法蘭茲·斐迪南大公（Archduke Franz Ferdinand，1863 – 1914）造訪塞拉耶佛（Sarajevo），引起了巨大爭議。塞爾維亞扶植的泛斯拉夫團體青年波士尼亞（Young

Bosnia）刺殺法蘭茲・斐迪南和他的妻子，一連串事件因此爆發，最終引爆第一次世界大戰。

一戰過後，塞爾維亞、克羅埃西亞及斯洛維尼亞人王國（Kingdom of Serbs, Croats and Slovenes，之後改名南斯拉夫）在巴爾幹半島成立，完成泛斯拉夫主義者的抱負。科索沃在其境內，一九二四年格濟梅斯坦立起一座紀念碑，在那裡舉辦週年紀念活動。南斯拉夫王國一直持續到一九四一年，其後軸心國勢力進犯、占領並割據該地。第二次世界大戰後，南斯拉夫成為社會聯邦國家，由約瑟普・布羅茲・狄托（Josip Broz Tito，1892 – 1980）領導。狄托統治南斯拉夫直到一九八〇年歿。

失去狄托加上一九八〇年代的經濟衰退，讓南斯拉夫備感壓力。一九八九年塞爾維亞共和國總統斯洛波丹・米洛塞維奇（Slobodan Milošević，1941 – 2006）在格濟梅斯坦（一九五三年設立了一座新紀念碑）向大批群眾發表演說，提到六百年前塞爾維亞為了讓歐洲其他地方免於被鄂圖曼帝國統治而在科索沃奮戰，因此塞爾維亞應該維持對科索沃的控制，儘管有許多科索沃居民想要獨立。米洛塞維奇為了捍衛自己對塞爾維亞的抱負，演說中還暗示了戰爭的可能。這樣的言論是民族主義高漲的徵兆，帶來的是一九九一年南斯拉夫的瓦解。接下來四年，巴爾幹半島陷入戰爭，伴隨而來的是許多屠殺與種族清洗。

狄托的洞穴（Tito's Cave）

第二次世界大戰時，軸心國在一九四一年占領南斯拉夫，不過國內出現大規模反抗，其中一個主要反抗團體是共黨游擊隊（Partisans），由狄托領導。一九四四年五月二十五日，軸心國軍隊攻擊狄托的指揮部，那是波士尼亞德瓦爾（Drvar）城外山丘的一處洞穴。狄托成功逃脫，隔年成為新成立的南斯拉夫社會主義聯邦共和國（Socialist Federal Republic of Yugoslavia）總統。

戰爭過後，米洛塞維奇成為塞爾維亞與蒙特內哥羅共和國（Republic of Serbia and Montenegro）總統，科索沃在其境內。一九九八年，米洛塞維奇攻擊科索沃支持獨立的

反抗分子，導致流血殺戮及人口流離失所。為了避免人道危機，一九九九年北約組織介入，迫使米洛塞維奇撤退。米洛塞維奇之後遭罷免，並且引渡到海牙接受戰爭罪審判。不過判決未到，米洛塞維奇就在二〇〇六年身故。與此同時，科索沃交由聯合國臨時行政機關管理，最後在二〇〇八年宣布獨立。

一譯註一

1 horde突厥語是「營帳」之意。

2 又稱金帳汗國。

3 指征夷大將軍，原是朝廷為對抗蝦夷族而設立的臨時高階軍官職位。征夷大將軍的衙門稱為幕府，故征夷大將軍又稱為幕府將軍。

4 低地國是指歐洲西北沿岸一帶低窪地區，特別是指今日荷蘭、比利時、盧森堡三國所在地。

5 在韓語裡，首爾（서울）意指「首都」。朝鮮三國時期百濟首先在此定都，新羅統一三國後為此地定名漢陽（한양）。歷經高麗王朝，十四世紀末李氏王朝遷都漢陽，將漢陽改名為漢城（한성）。二戰過後以韓語固有詞更名為首爾，漢語圈則繼續以漢城稱之。二〇〇五年市府當局將正式譯名更改為首爾。

6 有三座虹霓門的光化門，是景福宮的南門，也是宮殿正門。中央虹霓門為王專用道，左右則供世子及臣子出入。

7 自一五九二年起，日本豐臣秀吉發動文祿．慶長之役，率領大名諸侯攻打朝鮮。

第六章

近代

阿爾罕布拉宮（The Alhambra）

從八世紀到十五世紀，穆斯林統治者統治伊比利半島部分地區，有時幾乎控制整座半島。穆斯林統治最久的地方是格拉那達，統治的埃米爾（emir）[1]建造了阿爾罕布拉宮，一座代表伊斯蘭建築美學趣味的宮殿。

西元七一一年，倭馬亞哈里發入侵伊比利半島，建立人稱安達魯斯（al-Andalus）的領土。經過一次內戰，倭馬亞王朝遭到阿拔斯王朝推翻。伊比利半島仍然由穆斯林統治，上位者是一位倭馬亞王子，在七五六年時建立了獨立的科爾多瓦酋長國（Emirate of Córdoba）。十一世紀初，科爾多瓦酋長國因內戰而崩解，分裂成小型的泰法（taifa）[2]，造成權力真空，後由摩洛哥柏柏爾王朝填補。首先是穆拉比特（Almoravid）王朝，接著是穆瓦希德（Almohad）王朝。從一〇九〇年到一二一二年，柏柏爾王朝在伊斯蘭的伊比利半島享受霸主地位。

基督教勢力在伊比利半島北方延續，並且開啟了一系列稱為收復失地運動（Reconquista）的戰爭，意圖擊退伊斯蘭統治者。與此同時，基督教勢力建立了幾個獨立王國，以軍事力量強迫泰法國王們進貢。一二一二年，基督教聯軍在托洛薩的拉斯納瓦斯（Las Navas de Tolosa）大勝穆瓦希德的軍隊，奠下清除西班牙南部穆斯林統治的基礎。最強大的西班牙基督教王國是卡斯提爾王國（Castile），從一二一七到一二五二年由斐迪南三世（Ferdinand III，約 1199 – 1252）統治。斐迪南三世親自督軍拿下塞維亞（Seville）和科爾多瓦。斐迪南三世允許安達魯斯留下一處地方，即格拉那達公國。格拉那達公國由穆罕默德一世（Abu Abdullah Muhammad ibn Yusuf ibn Nasr，1195 – 1273）創立，這位泰法國王一直支持斐迪南三世。穆罕默德一世建立的奈斯爾王朝（Nasrid dynasty）統治格拉那達，一直到一四九二年。

格拉那達公國領土涵蓋海岸和一些內陸山地，貧瘠的土地意味著格拉那達必須從北非進口穀物，不過也出口絲綢奢侈品、糖及果乾，從中獲益。北方的卡斯提爾強迫格拉那達每年進貢黃金。如果貢品姍姍來遲，卡斯提爾就會懲罰性地襲擊邊境，摧毀農場和聚落。穆罕默德一世為了確立自己的地位，決定為自己建造一座宮殿紅堡（Qal’at al-Hamra，即紅色城堡之意，名稱取自宮殿的紅色城牆，以周邊的黏性土壤砌成），最後簡稱為「阿爾罕布拉」（Alhambra）。穆罕默德一世選了一處可以俯瞰全城的高原，那裡曾是一座小型堡壘的所在地，羅馬人還曾經增建堡壘。建造阿爾罕布拉宮歷時數世

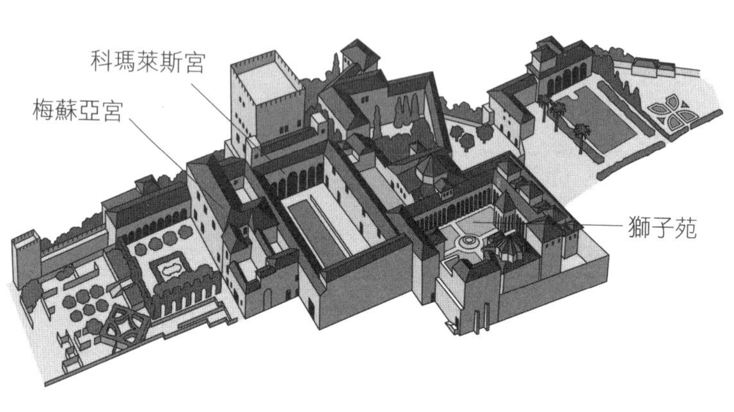

紀，穆罕默德一世的繼承人不斷地擴建，並且整修整個建築群。

阿爾罕布拉宮的外牆在十三世紀末完工。厚重的城牆周長約二．二五公里，有二十二座高塔。到了此時，宮殿還加蓋了輸水道。阿爾罕布拉宮的許多噴泉和澡堂，就是靠輸水道供應的自來水。阿爾罕布拉宮有三個主要區域：梅蘇亞宮（Mexuar）、科瑪萊斯宮（Comares Palace）和獅子苑（Court of the Lions）。梅蘇亞宮建於一三二〇年代，奈斯爾王朝的官員在梅蘇亞宮處理公共事務。科瑪萊斯宮建於十四世紀中期，作為私下召見以及接待大使之處。最後，十四世紀晚期增建的獅子苑，是奈斯爾王朝的私人寓所。這些建築裡外都有繁複裝飾，並且帶著伊斯蘭藝術特有的複雜對稱樣式。位在阿爾罕布拉宮東側的有赫內拉利費宮（Generalife，這個詞是 Jinnah al-‘Arif〔建築師花園，Garden of the Architect〕的訛變）、位於景觀花園之中的一座夏宮，以及一三一〇和二〇年代設計的亭閣與噴泉。整座建築群的最西側是阿爾卡薩瓦（Alcazaba），這座堡壘在不同時期分別作為兵營、軍械庫及監獄使用。

巴羅斯港（Palos de la Frontera）

一四九二年八月三日，品脫號（Pinta）、女孩號（Niña）和聖瑪利亞號（Santa María）三艘船自安達魯西亞（Andalusia）的巴羅斯港啟程。探險隊由哥倫布（Christopher Columbus，1451 – 1506）率領，想要尋找前往亞洲的新航路。跨越大西洋後，船艦在十月十二日抵達加勒比海（Caribbean）。哥倫布仍然相信他們抵達了亞洲。一四九三年三月十五日，一行人返抵巴羅斯港，這趟遠航奠下了西班牙成為全球帝國以及歐洲殖民美洲的基礎。

陷入內戰加上與北邊犯境勢力對抗長達十年，奈斯爾王朝在一四九二年一月二日畫下句點。當時穆罕默德十二世（Muhammad XII，約 1460 – 1533）向卡斯提爾女王伊莎貝拉一世（Isabella I of Castile，1451 – 1504）和其丈夫亞拉岡國王斐迪南二世（Ferdinand II of Aragon，1452 – 1516）投降。亞拉岡國王與卡斯提爾女王的婚姻，為西班牙的統一立下基礎。斐迪南二世與伊莎貝拉一世欽點阿爾罕布拉宮為皇室宮殿。他們發現阿爾罕布拉宮破舊不堪，雇請穆斯林工匠前來修復，同時命令建造一座小教堂。兩夫妻將在那裡接見哥倫布，應允資助他的跨大西洋之旅。因為這樣，斐迪南二世與伊莎貝拉一世的孫子查理五世皇帝（Emperor Charles V，1500 – 1558）才能在一五一六年繼承一座全球帝國。一五二六年，查理五世初次造訪阿爾罕布拉宮，儘管盛讚宮殿工藝，卻認為作為皇室宅邸並不方便。查理五世於是指示原地建造一座新宮邸，過程中破壞了部分阿爾罕布拉宮的原有建築。建造工程從未竣工，一世紀後便棄之不顧。

到了十七世紀中期，阿爾罕布拉宮命運多舛，各宮殿被拿來關押囚犯、安置殘廢士兵。在拿破崙時代，阿爾罕布拉宮遭逢更嚴重的破壞，當時法國士兵奪走查理五世未完成宮殿的木材作為柴薪，而且炸毀了八座圍牆高塔。半島戰爭（Peninsular War）時，威靈頓公爵（Duke of Wellington，1769 – 1852）抵達格拉那達，在阿爾罕布拉宮四周的園地種植英國榆樹，替阿爾罕布拉宮的面貌添上自己的一筆。十九世紀大半時期，阿爾罕布拉宮被拿來飼養動物。雜草在建築周圍遍生，地震與火災使破壞加劇。十九世紀中期以後，阿爾罕布拉宮成為不定期修繕與保存工作的目標，協助它再次展現光輝。

貝倫教區

里斯本西邊海港的入口處，是貝倫的聖瑪利亞（Santa Maria de Belém）教區。這個地方，與十五及十六世紀葡萄牙崛起成為殖民及貿易強權密不可分。

一一四七年，葡萄牙首任國王阿方索一世（Afonso I，約 1109 – 1185）經過四個月的里斯本圍城後，從穆斯林統治者手中奪走里斯本。阿方索一世得到西北歐十字軍團的相助，十字軍團因為天候不佳無法直接航行到聖地，遂於葡萄牙登陸。之後里斯本成為葡萄牙首都，在葡萄牙身為政治及貿易樞紐的歷史中，里斯本扮演關鍵角色。里斯本建於兩座山的斜坡上，俯瞰塔古斯河（River Tagus）及大西洋，擁有絕佳的天然深水港，以及歐洲大西洋岸的安全錨地。

葡萄牙國王們意識到母國領土人口稀少，而且缺乏天然資源與良好耕地，於是積極促進海上貿易與海外探險。十五世紀初期，葡萄牙國王們開始踏出歐洲，尋找財富與榮耀。一四一五年，葡萄牙拿下北非城市休達（Ceuta）。這只是葡萄牙海外擴張的序幕。一四二〇年，葡萄牙開始開墾馬德拉（Madeira），隨後在一四二七年發現了亞速群島

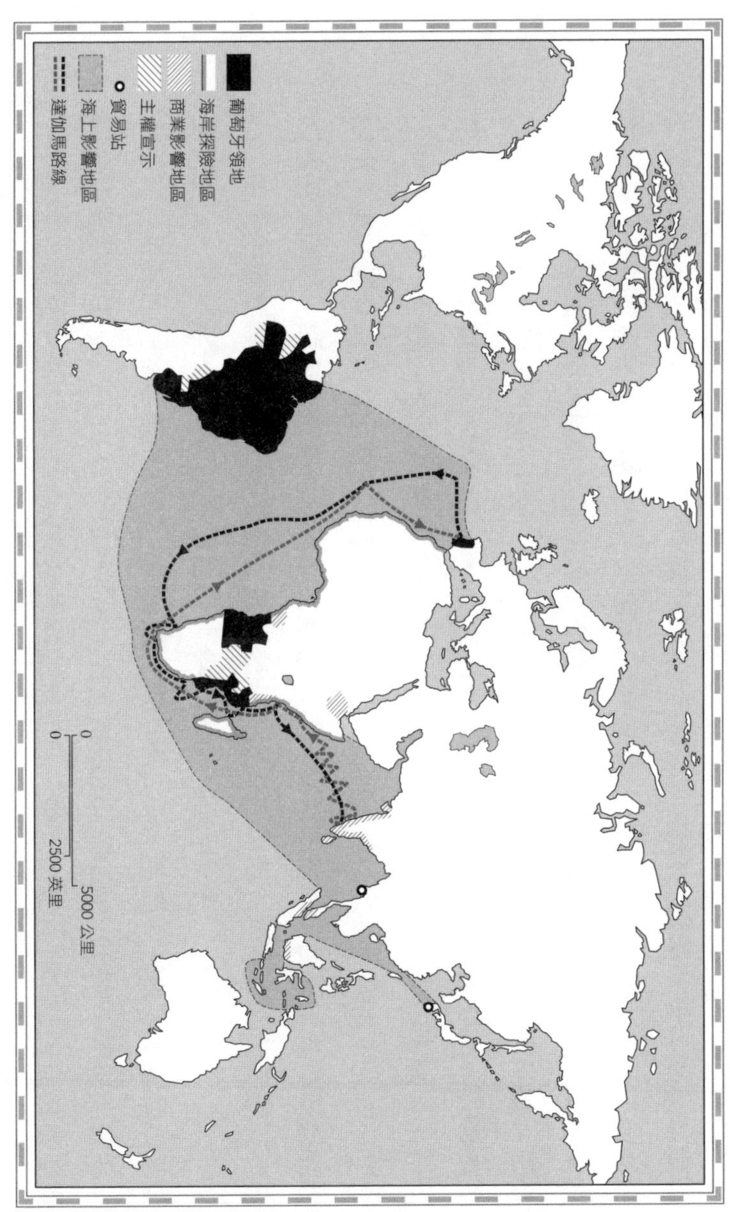

十六世紀到十九世紀葡萄牙的海外帝國。

（Azores）。由於地處亞熱帶氣候，這兩處成為種植園的所在地，以糖業最為重要。從十五世紀中期起，葡萄牙商人及探險家活躍於西非，建立貿易站並且畫出海岸線地圖，最遠達到好望角（Cape of Good Hope）。他們還發現了維德角（Cape Verde）群島，於一四六二年開墾。對葡萄牙來說，探險與利益密不可分。葡萄牙人成為首個奴役非洲人的歐洲人，將非洲人從家鄉運往葡萄牙的種植園裡，強迫勞動。

葡萄牙還想尋得更大一份獎勵，那就是沿非洲而行的海上路線，這樣他們就可以直接和印度貿易，讓他們獲得有利可圖的亞洲貨品，尤其是香料。同時，也可以藉此擺脫控制亞洲陸路貿易路線的穆斯林商賈。從一四八七到一四八八年，狄亞士（Bartolomeu Dias，1450 – 1500）領導的探險隊在好望角一帶航行，那裡是非洲最南端。一四九七年，下層貴族達伽馬（Vasco da Gama，約 1460 – 1524）沒什麼航海經驗，卻被曼紐爾一世國王（King Manuel I，1469 – 1521）選中，領導遠征隊踏上狄亞士的路線。出發的前一晚，達伽馬和手下們待在葡萄牙貝倫教區，在一間格外受到航海人士歡迎的修道院裡祈禱。幸運之神眷顧這趟旅程，一四九八年五月十八日達伽馬親眼目睹印度海岸，一四九九年七月，全隊第一艘船返抵家鄉。葡萄牙人繼續在印度及東非建立幾個貿易站，同時也在南美洲建立殖民勢力，就在探險家佩德羅・阿爾瓦雷斯・卡布拉爾（Pedro

Álvares Cabral，1467／8－1520）於巴西登陸之後。佩德羅是以葡萄牙王室之名占領該地。

第烏（Diu）

一五〇九年，葡萄牙尋求在印度建立勢力，卻遇到了反抗。古吉拉特（Gujarat）蘇丹、卡利卡特（Calicut）國王加上埃及馬木路克蘇丹國（Mamluk Sultanate）三方集結成一支艦隊，想徹底趕走葡萄牙人。這場決定性的戰事，就發生在印度西部港口第烏。葡萄牙船艦龐大且武器有力，儘管對方人多勢眾，還是擊潰了敵人大獲全勝，保住印度洋貿易路線的控制權長達一個世紀。

一五〇二年，曼紐爾一世開始在貝倫建造一間修道院，就在達伽馬和手下們臨行前

祈禱的地方附近。熱羅尼莫斯修道院（Monastery of Jerónimos）的部分建造資金，來自亞洲香料的稅收，並且交由熱羅尼莫斯隱修會（Order of Hieronymites）管理。曼紐爾一世盼望修士們為他的靈魂祈禱，同時祈禱離開葡萄牙的航海者們凱旋歸來。熱羅尼莫斯修道院花費一個世紀建成，採「曼努爾式」（Manueline）建築風格，特色是大量使用航海及異國主題的豐富裝飾。身為印度葡萄牙總督的達伽馬，一五二四年死後就是葬在熱羅尼莫斯修道院。修道院附近貝倫塔（Tower of Belém）的建造，是為了看守通往塔古斯河河口的通道。在曼紐爾一世一聲令下，一五一五年坐落於河岸附近突出岩層上的貝倫塔開始動工，於一五二一年完工。這座獻給里斯本主保聖人聖文森（St Vincent）的石灰岩塔，被拿來當作駐防地、監獄、瞭望塔及周圍的堡壘。身為曼努爾式建築典範，貝倫塔還有著羅馬、威尼斯及摩洛哥建築的影響。

十六世紀時，葡萄牙以印度洋地區主要殖民勢力之姿，遭英格蘭及荷蘭人驅趕。在西非，葡萄牙也面臨了競爭。一五八〇年，一場繼位危機導致葡萄牙王位遭西班牙國王占有，直到一六四〇年，葡萄牙及其帝國才再次由自家的王朝統治。貝倫教區持續扮演著重要角色。一七二六年約翰五世國王（King John V，1689 – 1750）在貝倫打造一座具有醒目粉紅外牆的宮殿。十九世紀時這座宮殿歷經翻修和擴建，室內更加精緻且添了一座花園，自一九一一年以來一直都是葡萄牙總統的官邸。

一七五五年災難襲擊里斯本，一場大地震伴隨海嘯摧毀了這座城市。超過五萬人死亡，只有靠政府的迅速作為，才能阻止混亂與疾病的爆發。貝倫躲過毀滅瞬間，大部分完好無損。教區和周圍地區許多人改居於帳篷及臨時建築內，王室也在地震之後把宮廷搬到鄰近貝倫的阿茹達（Ajuda）教區一座建築群內，裡頭有一架大帳篷和幾棟木造建築。阿茹達的大部分建築在一七九四年遭祝融燒毀，隔年一座全新的石造宮殿開始動工。一八〇七年葡萄牙王室在拿破崙兵臨城下之際逃往巴西，彼時石造宮殿尚未完工，一直到十九世紀晚期工程才結束。到了那時，葡萄牙的帝國光輝已經黯淡。一九一〇年十月五日的革命使王室遭到推翻，共和國隨之成立。不過，貝倫仍然是葡萄牙黃金時代的代表。一九八三年，貝倫塔及熱羅尼莫斯修道院獲指定，列為聯合國教科文組織的世界遺產。

海岸角城堡（Cape Coast Castle）

跨大西洋的奴隸貿易，是歷史上最慘烈的悲劇之一。從十六世紀到十九世紀，逾一千兩百萬人成為奴隸，被送至美洲地區。歐洲列強在西非沿岸各地設立哨口，其中一處就是海岸角城堡，在今日的迦納境內。

在西非經營奴隸

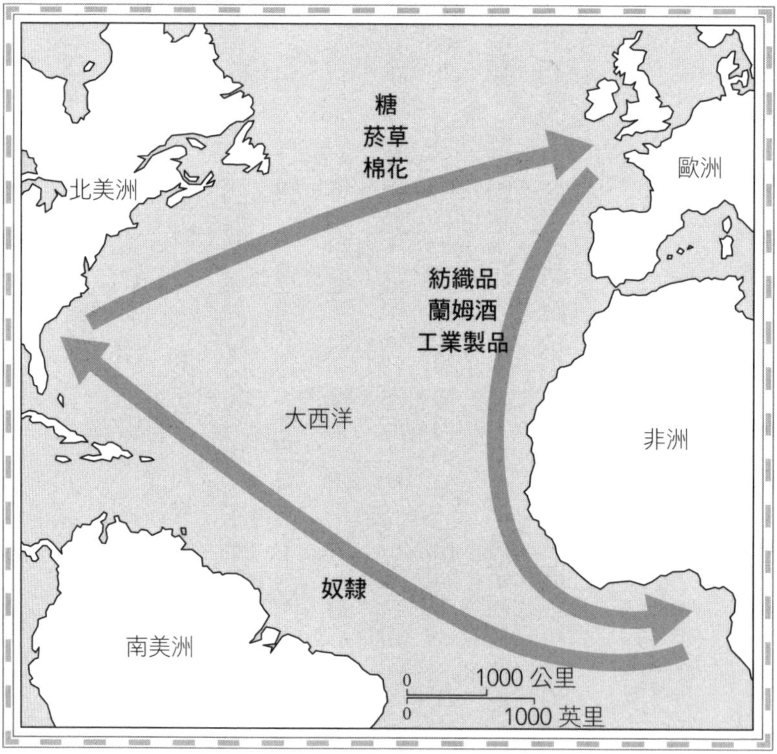

十八世紀的三角貿易。

貿易的首個歐洲商人就是葡萄牙人，十五世紀中期便已立足該地。到了十六世紀初期，西班牙人、英國人、法國人及荷蘭人已經加入行列。這些被奴役者的主要終點是美洲地區。非洲近半數量的被奴役者被送至加勒比海地區，三分之一來到巴西，剩下的大部分去了北美。

阿克拉的舊馬球場（The Old Polo Grounds, Accra）

到了二十世紀中期，非洲各地反抗歐洲殖民的勢力集結。在英屬黃金海岸，自治奮鬥的領航者是夸梅・恩克魯瑪（Kwame Nkrumah，1909－1972）。一九五七年三月六日午夜剛過，恩克魯瑪在阿克拉的舊馬球場向集結的大批群眾演說，宣布迦納（取名自中古時期的非洲帝國）獨立。由於迦納是英國撤哈拉以南殖民地中首個獨立國家，因此具有代表性及劃時代意義。

到了十七世紀，這些歐洲人建立起一個「三角貿易」，由船隻載運工業製品到非洲，在非洲購買奴隸後運送到美洲，之後帶著如菸草、糖或棉花等原料返回家鄉。非洲到美洲這個區段稱為中間通道（Middle Passage）。航行於這條路線的船隻，船內空間擁擠不人道且疾病四竄，許多人選擇投海自盡。可能有百分之十五的被奴役者在中間通道死亡。

歐洲人最為活躍的西非地區之一，就是人稱黃金海岸的地方（黃金海岸和鄰近地區如象牙海岸、奴隸海岸〔Slave Coast〕，名稱皆取自他們的主要出口品）。雖然黃金海岸擁有歐洲人急於掠奪的豐富黃金蘊藏，歐洲人還是積極地想維持人口販賣。在一條不足四八二公里長的海岸線上，歐洲商人蓋起了六十餘座貿易站、屋舍和堡壘，將人們留置在那裡，等待載運上船，步上中間通道。

海岸角城堡的歷史可以追溯到十七世紀中期的亨瑞克．卡洛夫（Hendrik Carloff），他可能來自波羅的海的貿易城市羅斯托克（Rostock），不過也可能出生自芬蘭。卡洛夫在西非荷蘭西印度公司（Dutch West India Company）任職，與幾位地方統治者來往密切，其中包括埃夫圖（Efutu）的博德瑪國王（King Bodema），統治今日迦納的沿海地帶。一六四八年，卡洛夫回到歐洲與德格爾家族（De Geers）接觸。來自瓦隆（Walloon）的德格爾家族遷居瑞典，以鋼鐵業致富。德格爾家族是瑞典非洲公司（Swedish Africa Company）的創辦人，聘請卡洛夫為經理。

一六五〇年，卡洛夫返回黃金海岸，再度與博德瑪交好，獲准在葡萄牙人取名為卡波科索（Cabo Corço）的一片土地上蓋起一座屋舍，名稱經訛傳成為英文的海岸角。一六五三年，一座木頭與泥磚的方形建築立起，取名卡羅魯斯堡（Carolusburg），向瑞典的查爾斯十世．古斯塔夫（Charles X Gustav，1622 – 1660）國王致敬。一六五五年，卡洛夫啟程前往歐洲，不過很快和德格爾家族鬧翻。之後卡洛夫開始為想要在奴隸貿易事業立足的丹麥人工作。一六五八年，卡洛夫這回是以丹麥非洲公司（Danish Africa Company）職員的身分返回黃金海岸。他說服博德瑪的顧問，將卡羅魯斯堡轉讓給丹麥人。由於有砲艦撐腰，卡洛夫返回歐洲前取得了卡羅魯斯堡的控制權，如此結束了卡洛夫與黃金海岸的交涉。不過，卡洛夫之後又為法國西印度公司（French West India Company）工作，繼續在西非和加勒比海活動。

卡羅魯斯堡落入丹麥手中並沒有很久。一六五九年，荷蘭人取得控制權，隔年瑞典又拿回所有權。不過，瑞典人沒法從這裡獲取任何利益，只好在一六六三年將卡羅魯斯堡交回荷蘭人手中。一六六四年五月七日，一支英國艦隊拿下了破舊不堪的卡羅魯斯

堡，更名海岸角城堡，成為大英帝國涉入跨大西洋奴隸貿易的總部。在一六八〇和一六九〇年代，海岸角城堡經歷大舉翻修，北面往外擴增，同時建造一座突出於海面的新建築作為砲台使用。起初英國按月持續向埃夫圖國王納租，之後海岸角城堡轉讓給芳蒂（Fante）的首領們。這個聯邦國家兼併了卡羅魯斯堡所在的領土。

十八世紀中期之後，美洲地區對奴隸勞力的需求增加。這意味著歐洲奴隸貿易商在西非的活動更為熱絡，跨大西洋奴隸貿易因此在一七八〇年代達到顛峰，每年有約八萬八千名奴隸送出。大約是在這個時候，年久失修的老舊堡壘殘跡遭廢棄，讓位給更大型的建築。全新的海岸角城堡有一座高塔、雙稜堡設計，以及一路延伸到海邊的坡道，讓補給品更為容易上岸。新城堡還有寬闊的地窖，能夠留置數百位奴隸，直到船艦上門採買。海岸角城堡對奴隸船船長來說是最理想的目的地，因為他們可以迅速地將船裝滿，縮短定錨上岸花費的時間。

一八〇七年，大英帝國廢止奴隸貿易，不過海岸角城堡並沒有遭到遺棄，英國反而希望把它當作鄰近鄉間種植園的基地。到了這時，芳蒂聯邦（Fante Confederacy）的在地統治受到阿散蒂王國（Kingdom of Ashanti）的挑釁。大英帝國從一八一七年開始便向阿散蒂王國繳納海岸角城堡租金，不過英國很快發現自己也受到阿散蒂的挑釁。一八二五年，阿散蒂集結大軍試圖奪取海岸角城堡，不過天花疫情爆發迫使他們撤退。一八六七年大英帝國正式建立黃金海岸殖民地，同時繼續往內陸挺進，與阿散蒂和芳蒂交戰。海岸角城堡留了下來，一九五七年迦納獨立建國後，海岸角城堡與其他奴隸城堡獲得修復與保存，以見證曾經發生在這裡的駭人過往。

格林威治（Greenwich）

大英帝國的歷史與海洋關係特別密切。在英國，少有地方如格林威治擁有這麼多航海遺產。

格林威治與英國王室的關係淵源於十三世紀，當時王室將格林威治作為園囿使用。一四四七年格林威治成為王室居住地，王室取得一座莊園宅邸的所有權。這座人稱愉悅宮（Palace of Placentia）的宅邸建於泰晤士河畔（Thames）一處綠地。由於地近倫敦，都鐸（Tudor）王朝首位君主亨利七世（Henry VII，1457－1509）選擇愉悅宮作為他的主要寓所，並且重新整建。這裡是亨利

七世之子及繼承人亨利八世（Henry VIII，1491 – 1547）的出生地，他時常在愉悅宮舉辦宴會和長槍比武競賽。亨利八世的女兒伊莉莎白一世（Elizabeth I，1533 – 1603）也在這裡出生，將愉悅宮作為夏季行館。

斯圖亞特（Stuart）王朝的君主詹姆士一世（James I，1566 – 1625）和查理一世（Charles I，1600 – 1649）也都是格林威治的常客。一六一三年詹姆士一世將這座莊園和宮殿授予妻子安娜（Anna of Denmark，1574 – 1619）以示歉意，原因是當他們在外頭打獵時，詹姆士一世因為妻子不小心射殺他的愛犬而大發雷霆。安娜決定在愉悅宮附近建造自己的寓所，一六一六年建築師英尼格・瓊斯（Inigo Jones，1573 – 1652）受任設計「女王之家」（Queen's House），工程旋即在隔年展開。女王之家反映著歐洲大陸的建築風潮，也是英國首個受古典主義風格啟發的建築。一六三五年女王之家完工時，安娜已經離世。安娜的兒子查理一世已經即位，女王之家於是給了查理一世的妻子亨利埃塔・瑪麗亞（Henrietta Maria of France，1609 – 1669）。

從一六三九到一六五一年，英格蘭、威爾斯、蘇格蘭和愛爾蘭陷入一連串王室與國會間的內戰。衝突當時，查理一世因為將自身利益置於人民之上而受到審判，以叛國罪名遭到處決。奧立佛・克倫威爾（Oliver Cromwell，1599 – 1658）領導的國會派

（Parliamentarians）最終勝出，成立一個共和聯邦政府。愉悅宮破舊不堪，克倫威爾努力要賣掉它卻不可得。他先是將愉悅宮轉變成海軍餅乾工廠，之後又用它來關戰俘。

布汶（Bouvines）

一〇六六年諾曼征服（Norman Conquest）過後，英格蘭君主在英吉利海峽彼端持有土地，時常與法國產生衝突，最著名的就是英法百年戰爭（Hundred Years' War，1337－1453）。早先英法發生戰爭，是在一二一三到一四年，最後的戰場是法國北部的布汶，英格蘭和其盟軍在此地慘敗。約翰王（King John，1166－1216）權力因此大幅削弱，一二一五年他屈從於男爵們請求的《大憲章》（Magna Carta）。《大憲章》限制王室的權力，促進英國普通法的創設，保障了個人權利。

特別是在一六五八年克倫威爾死後，找到政治和解之策著實相當困難，導致了一六六〇年查理二世（Charles II，1630 – 1685）以降的君主制復辟。查理二世將愉悅宮拆除，並下令在原址建一新宮殿。由於缺乏資金，新宮殿從未完工，不過查理二世倒是以來自法國的最新風格重新塑造格林威治公園（Greenwich Park）。查理二世留下的最偉大遺產就是皇家天文台（Royal Observatory），他指派克里斯多福．雷恩爵士（Sir Christopher Wren，1632 – 1723）負責設計。雷恩是一六六六年倫敦大火後重建倫敦的得力建築師。

坐落於格林威治公園一座山丘上的皇家天文台，是為首位皇家天文學家（Astronomer Royal）約翰．佛蘭斯蒂德（John Flamsteed，1646 – 1719）所建。佛蘭斯蒂德在一六七六年時搬進倫敦城外的皇家天文台，位於倫敦城外表示不會有煙霧阻礙他觀測天象。皇家天文台的研究，對船員的導航助益極大，《航海年鑑》（*Nautical Almanac*）就被世界各地的船員加以利用。隨著皇家天文台將格林威治的經度設為時間計算及圖面定位的參照點，一八八四年格林威治所在位置成為國際認定的標準「本初子午線」（prime meridian），定義為經度〇度。本初子午線同時也是全球時區系統的基線。

一六八八年，改信天主教的詹姆士二世（James II，1633 – 1701）在光榮革命（Glorious Revolution）時遭推翻，由女兒瑪麗二世（Mary II，1662 – 1694）和她的荷籍丈夫威廉三世（William of Orange，1650 – 1702）取而代之。兩人晉位的條件之一就是同意《權利法案》（Bill of Rights，1689 年），保障國會的權利，為國會地位高於王室奠下基礎。王室有了漢普頓宮（Hampton Court）和肯辛頓宮（Kensington）作為寓所，沒有需要或欲望完成格林威治的重建工作。相反地，一六九四年瑪麗二世宣布格林威治將作為安置退休船員的地方，並把格林威治醫院（Greenwich Hospital）的設計任務交給雷恩爵士。雷恩交出一件巴洛克式傑作，部分建設經費來自走私商販的罰金，在一七四二年完工。建築群中，還有一間為船員留下的孤兒們設立的皇家醫院附校（Royal Hospital School）。

從一八〇六年起，格林威治醫院大舉遷移至女王之家新增的兩棟側翼建築裡。醫院在一八六九年關閉，從一八七三年起成為皇家海軍學院（Royal Naval College）所在地，為海軍軍官提供訓練課程。一九三三年，皇家醫院附校遷到薩福克（Suffolk），四年後女王之家以國家航海博物館（National Maritime Museum）一員的身分重新對外開幕。與此同時，一九四八年格林威治不再是皇家天文學家的居所。到了一九五七年，皇家天文台正式停止運作。汙染讓觀測不再能於皇家天文台進行，天文台的運作於是移到了薩塞克斯（Sussex），皇家天文台轉變成為一座博物館。一九九八年，皇家海軍離開格林威治，學院的宏偉建築如今對外開放，並由格林威治大學（University of Greenwich）和聖三一音樂學院（Trinity College of Music）共同使用。

成長於十七、十八及十九世紀的大英帝國，儘管擁有海軍優勢與科學創新等要素，不過經濟因素才是成就帝國的真正要因。老皇家海軍學院（Old Royal Naval College）幾公尺外，恰好就是紀念英國過去身為全球最強盛貿易勢力的紀念物，那是一八六九年於蘇格蘭敦巴頓（Dumbarton）初次下水的快速帆船卡提薩克號（Cutty Sark）。一八七〇年卡提薩克號為了利潤豐厚的載茶行程展開首航，途經好望角到達上海。然而，蘇伊士運河的開鑿，意味著經過好望角這條路線不再受用，卡提薩克號於是從澳大利亞載運羊毛回英國。蒸氣取代風帆之後，卡提薩克號成為一艘訓練船，一九五七年完全修復後安置在一處乾船塢。卡提薩克號是個活生生的例子，提醒著人們大英帝國主義擴張的主要成因，終究是商業盤算。

特拉法加角（Cape Trafalgar）

航海勢力是大英帝國的基礎，允許大英帝國控制重要航線，捍衛母國土地免於受侵略。皇家海軍最大的一次勝利，或許就是在西班牙西南特拉法加角外海時達成。一八〇五年九月二十七日，由何瑞修．納爾遜（Horatio Nelson，1758 – 1805）率領的皇家海軍擊敗法西聯合艦隊取得勝利，納爾遜也在此次戰役中殉職。在剩下來的拿破崙戰爭（Napoleonic Wars）期間，英國因此完全控制這處海域，持續整個十九世紀。

凡爾賽宮的鏡廳（The Hall of Mirrors at Versailles Palace）

沒有君主比法王路易十四（Louis XIV，1638－1715）更能體現絕對王權，這位「太陽王」（Sun King）掌權逾七十二年。凡爾賽宮象徵著路易十四的偉大，他將這座宏偉宮殿建造成全歐洲之最。

一六四三年，路易十四在父親路易十三（Louis XIII，1601－1643）過世後即位。即位時，路易十四年僅四歲，這讓法國在十七世紀中期面臨政局情勢不穩。從一六四八到一六五三年，法國陷入中央王權支持者與反對者間的投石黨亂（Fronde）內戰。王權支持者終將勝利，造成專制政體出現。由於路易十四尚未成年，義大利出生的樞機主教朱爾．馬札翰（Jules Mazarin，1602－1661）擔任攝政。不過一六六一年馬札翰死後，年輕的路易十四還是親自掌政，延續馬札翰的集權政策，將法國轉變成為歐洲強權之最。

在位的第一階段，路易十四往返於巴黎不同的王室城堡，以及羅浮宮和杜樂麗宮（Tuileries）兩座巴黎宮殿。路易十四的目標之一，是要為波旁（Bourbon）王朝建造一座雄偉的宮殿。波旁王朝自一五八九年起便只有統治法國。巴黎沒有足夠大的地方滿

足路易十四的企圖，這座城市過於擁擠，還有供水問題。為了追尋新的開始，路易十四轉往距巴黎十六公里外的凡爾賽鄉間，一處路易十三建造的狩獵小屋。路易十四將會在此打造自己的宮殿，這座宮殿全然是他的創作，並且反映著他想傳達給王國和臣民們的形象。工程從一六六一年開始一直持續到一七一〇年，期間經過幾個階段（路易十四的繼承人隨後也繼續增建）。

凡爾賽宮的建造歷時甚久，動用的人力達兩萬之多，其中許多人因為地處低濕得到瘧疾而死。除了宮殿本身，還增加了帶有噴泉、人造湖、修剪整齊的樹木與雕像的精緻庭園。其中一項困難是確保供水充足，於是地下布滿無盡的管線與地窖。全盛時期凡爾

賽宮的預算占了法國整體國家預算約百分之四。

一六七四年之後，王室開始花更多時間待在凡爾賽宮，並且在一六七八年搬進宮裡。一六八二年凡爾賽宮正式設立宮廷。凡爾賽宮的庭院長年對外開放，任何人只要穿著得宜，都可以進入一覽花園美景。男性則必須佩劍，可在門口處租借。想要進入宮殿本身、一睹王室風采就比較困難，需要一些門路。獲准入內探險的民眾會遇到令人嘆為觀止的壯觀景象，整座宮殿一再出現太陽圖樣，顯示出路易十四期望侍臣和人民們圍繞著太陽。希臘神祇阿波羅是另一個一再出現的裝飾特色。宮殿內還有足夠空間可以舉辦節慶遊會和表演活動，路易十四時常親自表演芭蕾舞，穿著精美服裝現身，就像太陽或是一位羅馬皇帝。凡爾賽宮內最漂亮的廳室之一就是鏡廳，建於一六七八到一六八九年之間。鏡廳長逾七十公尺，擁有十七座鏡面（在當時製造所費不貲），朝向十七座眺望花園的窗戶。天花板上有吊燈及路易十四在位初期的圖畫，大理石牆面則有雕像和浮雕作品裝飾。到了一七一五年路易十四離世，凡爾賽宮已是一座小城規模，擁有超過兩萬五千位居民。所有高級政府機關辦公室都位在此處，每位貴族成員每年都預計要花一些時間待在這裡。

路易十四的王位由其玄孫路易十五（Louis XV，1710 – 1774）繼承。在路易十五治

下，專制政權遭到反抗，那時法國不再是歐洲的主導勢力，且面臨到其他強大勢力的挑戰，尤其是英國。一七七四年路易十六（Louis XVI，1754 – 1793）即位時，政府財政陷入危境。一七七八年路易十六決定正式加入美國革命戰爭（American Revolutionary War），這讓財政更加疲弱。法國幫助反抗者擊敗了英國，卻造成財務危機，一七八八年王室中止付款給債權人。為了對付這個問題，路易十六召集三級會議（Estates General）向全國代表請益。一七八九年五月五日，三級會議在凡爾賽宮召開，法王和一千兩百名代表都沒想到，這場會議將會種下革命的種子。

巴黎協和廣場（Place de la Concorde, Paris）

一七九三年一月二十一日，路易十六因叛國罪被送上斷頭台，行刑地點在巴黎最大的戶外廣場、原名路易十五廣場的革命廣場（Place de la Révolution）。幾位知名人物也在那裡上了斷頭台，包括路易的妻子瑪麗．安東尼（Marie Antoinette，1755 – 1793）以及麥西米連．侯貝斯皮耶（Maximilien Robespierre，1758 – 1794）。一七九五年，歷經流血與混亂的法國革命，革命廣場身為全國齊心協力的象徵，更名為協和廣場。

路易十六與第三階級（Third Estate）的平民產生衝突，關閉了會議的廳堂。六月二十日，眾人反而在一座網球場集會，誓言立憲之前不會解散。路易十六被迫認可決議的有效性，第一及第二階級加入第三階級，共同組成國民制憲會議（National Constituent Assembly）。路易十六從此失勢，王權自此逐漸衰微。該年十月，食物短缺與高物價問題甚囂塵上，一群人（多半是婦女）自巴黎遊行到凡爾賽宮，迫使王室遷至巴黎的杜樂麗宮。從一七八九到一七九三年，革命政府日益激進，法國宣布成立共和，國王被懷疑與外國敵對勢力勾結而遭處決。

法國面臨與鄰國交戰的同時還有內戰，不過卻存活下來。經過恐怖統治（Reign of Terror，1793 – 1794），數以千計「革命的敵人」遭到肅清，一七九五年一個更加保守的政權督政府（Directory）上台。督政府勢力始終薄弱，一七九九年一位叫拿破崙（Napoleon Bonaparte，1769 – 1821）的年輕將領推翻了它，並在一八〇四年稱帝。凡爾賽宮在法國大革命時期和拿破崙時代多半遭到遺棄。十九世紀中期凡爾賽宮得到修復，作為博物館和政府行政機關。普法戰爭（Franco–Prussian War，1870 – 1871）期間法國慘敗，凡爾賽宮成為包圍巴黎的德軍總部。一八七一年一月十八日，勝利的威廉一世（Wilhelm I，1797 – 1888）在鏡廳正式稱帝，宣告成為德國統一後的皇帝。

德意志帝國（German Empire）壽命不及半世紀，面對第一次世界大戰和國內動亂，一九一八年十一月九日威廉一世的孫子威廉二世（Wilhelm II，1859－1941）退位，兩天之後大戰結束。和平會談隔年在巴黎召開，由勝利國單方面決定合約條款。結果就是一九一九年六月二十八日於鏡廳簽署的《凡爾賽和約》（Treaty of Versailles），對德國施加嚴厲條款，諸如領土喪失、賠償、裁軍及被迫承認挑起戰端的罪責。嚴厲的《凡爾賽和約》是一九三〇年代納粹勢力於德國興起的成因之一，最終導致第二次世界大戰爆發。二戰後毫髮無傷的凡爾賽宮逐漸只用來作為旅遊景點，自二〇〇三年開始成為大規模整修計畫的標的。

亞伯拉罕平原（The Plains of Abraham）

七年戰爭（Seven Years' War，1756－1763）是首個全球性的衝突。在北美戰區，七年戰爭見證英國擊敗法國，顯然一七五九年英國拿下魁北克頗有助益。英國能夠達陣，要歸功於魁北克城外一場戰役，就在稱為亞伯拉罕平原的地方。

法、英兩帝國從十七世紀晚期就開始爭奪北美控制權。「新法蘭西」（New France，由加拿大及路易斯安那兩殖民地組成，涵蓋北美大陸中部及北部廣大土地）在地理上較英國的北美十三州（Thirteen Colonies）廣大，北美十三州坐落於大西洋沿岸地區。不過，英國殖民地的人口數大約兩百萬，遠多於法國殖民地七萬左右的人口。

一七五六年五月英國向法國宣戰之時，兩國殖民地及美洲原住民聯盟已經相互交戰兩年。起初法軍贏得幾場勝利。英國職業軍人的到來增強了美洲民兵的戰力，加上皇家海軍攔截法國補給艦的關鍵實力，證明這場戰爭的情勢即將扭轉。到了一七五九年，英軍能夠集結五萬兵力，反觀法軍僅有一萬五千人。那年英軍對加拿大發動攻勢，其中一個主要目標，就是攻擊難以對付的高地要塞、俯瞰聖羅倫斯河（Saint Lawrence River）

北岸的魁北克城。

遠征魁北克城的將領是詹姆士・沃爾夫（James Wolfe，1727 – 1759），時年僅三十二。沃爾夫在倫敦時就極有企圖地遊說，想獲得此位，這是他首次獨立指揮。六月二十六日，沃爾夫率領八千六百人部隊，在魁北克城東聖羅倫斯河上的奧爾良島（Île d'Orléans）登陸。四天之後，沃爾夫越過聖羅倫斯河，拿下魁北克城對岸的利維角（Point Levi），讓他可以築起砲陣朝城內開火。儘管猛烈砲轟加上幾次突襲，沃爾夫始終無法突破防線。法軍首領蒙卡姆的路易喬瑟夫（Louis–Joseph de Montcalm，1712 – 1759）是個有點高傲的貴族。他蔑視當地民兵，僅委派他們看守或協助的任務，拒絕讓他們與職業軍人一同訓練。儘管路易喬瑟夫有能力驅逐英軍的初步攻擊，他的補給卻已經日益減少，而且已被超越。

到了九月，圍城遲遲未了，沃爾夫因為腎結石與發燒，健康情況不佳。三分之一的士兵也因為發燒而無法上陣。沃爾夫開始和他的參謀意見不合，參謀要求沃爾夫對魁北克發動直接攻擊。因為這樣，九月十三日一早，沃爾夫帶著四千八百人左右在富隆灣（Anse au Foulon）登陸。富隆灣就位在魁北克西面城牆外三・二公里一處懸崖底部。由於上游有英國軍艦引開注意，登陸的英軍爬上了五十三公尺高的懸崖，在破曉後不久進軍亞伯拉罕平原。

奧爾巴尼市政廳（Albany City Hall）

一七五四年六月十九日到七月十一日，來自英屬北美十三州中的七州代表，在紐約州北部的奧爾巴尼市政廳集會，討論抵禦法軍的措施，以及與易洛魁聯盟（Iroquois Confederacy）各部族的結盟方法。雖然班傑明·富蘭克林（Benjamin Franklin，1706－1790）的北美十三州聯合政府提議遭到否決，奧爾巴尼會議（Albany Congress）還是種下了十三州政府聯合反抗英國統治的革命種子。

蒙卡姆不待後援就率領四千人部隊急去迎戰。由於兵源短缺，他將在地民兵生手與自己的職業軍人混合在一起。兩軍在早上十點開戰，法軍缺乏協調，導致他們太快朝英軍前線開火。英軍按兵不動，一直等到敵人朝自己靠近到三十七公尺以內，才發動整齊

畫一且破壞性極大的火繩槍掃射。法軍防線失守往後撤退，不到半小時，英軍就贏得勝利。當沃爾夫驅策士兵們往前進攻時，他的胸腹中彈，傷勢危急，不過聽聞法軍遭擊潰時仍然意識清楚。蒙卡姆騎馬返回魁北克時背部中彈，隔天便一命嗚呼。

敵方主帥已死，但英軍以守代攻，沒有對魁北克發動攻勢。英軍取得優勢，結果是九月十八日魁北克向英軍投降。隔年四月，法軍試圖奪回魁北克，在亞伯拉罕平原與英軍再度交戰。儘管法軍贏得勝利，但英軍能夠退回城牆之內，法軍沒有足夠火力拿下魁北克。當英軍後援將至的消息傳來，法軍被迫在五月十五日撤退。同年九月，英軍拿下法軍手裡最後一座大城蒙特婁（Montreal）。

七年戰爭在一七六三年畫下句點。按照《巴黎條約》（Treaty of Paris），法國將加拿大統治權交予英國，路易斯安那則讓給西班牙（西班牙割讓佛羅里達給英國）。法國領土只剩下紐芬蘭沿海的聖皮埃（Saint Pierre）及密克隆（Miquelon）兩座小島，獲准保留給漁夫們作為庇護所，這樣他們就可以繼續在紐芬蘭沿岸營生。今日這兩座小島是半自治的法國領土。加拿大各省經過逾一世紀的英國統治，在一八六七年組成一個自治領（dominion），有自己的聯邦政府，並在一九三一年獨立。法國的影響深遠悠長，使加拿大正式成為雙語國家。亞伯拉罕平原如今以一座公園之姿立足於魁北克。

儘管英國成為勝利者，戰爭花費對帝國政府來說始終是筆龐大負擔，而且戰爭結束後，北美十三州的前線防禦工作仍要繼續。當大英帝國政府意圖對美洲殖民地課稅以支付軍事費用時，在地人群情激憤，促使美國獨立戰爭（American War of Independence）終於在一七七五年爆發。

－譯註－

1 源自阿拉伯語 amir，意指首領或統帥，原本指稱哈里發派駐外地的軍事統領或總督。隨著阿拉伯帝國內亂，政權分裂，各地埃米爾獨攬地方軍政大權。日後埃米爾便用來指稱一地之君王。

2 阿拉伯語原意為幫派或教派，專指十一世紀初後倭馬亞王朝解體後，伊比利半島上出現的穆斯林小王國。

第七章

革命時代

鱷魚林（Bois Caïman）

跨大西洋奴隸貿易見證了數百萬受奴役者被送到美洲地區。抵抗屢見不鮮，諸如蓄意破壞或是逃跑。更有甚者，受奴役者時有起事，不過沒有一次規模如發生在法屬聖多明各（Saint-Domingue，之後稱為海地）的那樣龐大而且成功。

伊斯帕尼奧拉島（Hispaniola）是西印度群島中僅次於古巴的第二大島，自從十七世紀中期法國占領西班牙統治的島嶼西側後，那裡一直是法國殖民地，稱為聖多明各。西班牙則持續控制島嶼東側的聖多明哥（San Domingo）。得力於奴隸們種植甘蔗、咖啡、棉花、靛藍植物及可可，法屬聖多明各成為法國最賺錢的殖民地。到了十八世紀晚期，大約有五十萬名被奴役者在此勞動，而歐洲人約有四萬名（以及一些自由黑人，通常受雇從事巡邏及護衛任務）。種植園裡的情況是加勒比海地區中最嚴厲的，用的是粗暴的懲罰。到了十八世紀晚期及十九世紀初期，受到法國革命影響，法屬聖多明各也陷入橫掃全歐的衝突之中。隨著平等及自由的革命概念響徹全法國，一七九〇年，國民議會（National Assembly）將完整的公民權授予有財產的自由黑人以及雙親皆是自由身者。這項措施受到法屬聖多明各許多白人的反對，造成種族和意識形態分界的緊張局勢。

一七九一年八月二十一日或二十二日晚上，法屬聖多明各北部爆發大規模奴隸反抗，最終改變了殖民地的權力平衡。這次反抗，是由地區內不同種植園的奴隸祕密組織的，那段時期的政治動亂讓他們得以不受干擾地計畫。起義前一星期他們就已擬好計畫，約定半夜在一處稱為鱷魚林的樹林裡會面。會面後做的事之一是舉行巫毒儀式，以一隻黑毛豬獻祭。到了八月底，超過一千座種植園被燒毀（甘蔗園尤其容易起火），約兩千名歐洲人遭殺害。儘管反抗活動大部分控制在聖多明各的北部平原，這也已經是加勒比海地區所見規模最大者。一七九二年，法國革命領袖萊傑-費利契特·桑托納克斯（Léger-Félicité Sonthonax，1763–1813）帶著七千名士兵抵達聖多明各維持秩序。在桑托納克斯令下，政府軍重掌控制權，將反抗領袖們運至山區的營地。鱷魚林籌畫的起義雖然挫敗，卻觸發了更大規模的起義，即將給聖多明各帶來深遠的影響。

杜桑·布烈達（Toussaint Bréda，1743–1803）是反抗首領之一，生於奴隸家庭，但是在二十五歲左右贏得奴隸解放。受過教育的布烈達最終有了自己的種植園（以及一些奴隸）。他決定加入反抗運動，取了盧維杜爾（Louverture，意謂「序幕」）這個新姓

氏，象徵他打算為聖多明各揭開自由的序幕。盧維杜爾掌控反抗軍，持續與法國對抗。他受到西班牙支持，許多歐洲強權都想方設法要推翻法國的革命政權。一七九四年五月，法國政府正式廢除奴隸制，盧維杜爾聽到消息後轉而支持法國。到了一七九五年，西班牙想與法國談和，並且將伊斯帕尼奧拉的控制權全部讓與法國。一七九七年英軍侵略聖多明各，盧維杜爾接獲命令率領軍隊抵抗，在一七九八年時迫使英軍撤退。盧維杜爾接著花費三年時間擊敗境內敵手，鞏固對聖多明各的控制權。

鮑馬里斯（Palmares）

從十六世紀到十九世紀，巴西比起其他地方有更多非洲奴隸被送到這裡。數以千計的被奴役者逃離種植園自行組成社群，稱為基羅布（quilombo）。從一六〇五年起，巴西東北部數個基羅布結合在一起，形成一個叫作鮑馬里斯的單一社群。到了十七世紀末，鮑馬里斯擁有超過兩萬人口，並且選出一位首領統治。鮑馬里斯數度擊退嘗試壓制他們的葡萄牙人，直到一六九四年才潰敗。奴隸制在巴西一直持續到一八八八年。

隨著盧維杜爾的權威得到鞏固，一八〇一年他為聖多明各頒布一部憲法，要求自治、主權在民、法律之前人人平等、永久廢除奴隸制，以及推舉他為終身總督。如此展示權力，對法國新主人拿破崙來說太過囂張，他派出妹夫夏爾・勒克萊爾（Charles Leclerc，1772－1802）率領一萬餘人部隊來到聖多明各，打算取回殖民地的控制權，並且恢復奴隸制。一八〇二年二月，法國遠征軍登陸，盧維杜爾深知寡不敵眾，遂撤退到內陸山區。這場戰役對他來說每況愈下，三個月內許多將領都投降了。該年五月，盧維杜爾已經支撐不住，便向法軍投降以換取原諒，並且保證讓他平安離開。法軍違背諾言，逮捕盧維杜爾後將他帶到法國，監禁在侏羅山（Jura Mountains）一處城堡裡。一八〇三年四月七日，盧維杜爾死於該地。

隨著盧維杜爾離去，他的中尉讓-雅克．德薩林（Jean-Jacques Dessalines，1758-1806）掌旗，持續與法軍纏鬥。法軍由於黃熱病（一八〇二年十一月奪走勒克萊爾的性命）這種熱帶疾病而人數銳減。即便如此，苦戰依然持續，死亡人數不斷增加。一八〇三年十一月三十日，法軍終於向德薩林投降。一八〇四年一月一日，德薩林宣布獨立，為這座島取了「海地」這個阿拉瓦克族（Arawak）名稱，象徵此島脫離歐洲控制，在世界上建立起第一個黑人共和國。法國並未正式承認海地獨立，直到一八二五年為了交換巨額賠償才願意這麼做。這座新興國家已經因為經年殺戮而動盪不安，巨額賠償讓國家財政更是元氣大傷。海地一直為了尋得繁榮穩定而奮鬥，經常因為天災與內亂而受到破壞。雖然如此，海地在追尋自由的歷史上拔得頭籌，因為它是唯一一個奴隸們可以解下腳鐐手銬的地方，並自此為自己建立一座獨立國家。

克拉朋（Clapham）

十八及十九世紀時，反對奴隸制的廢奴運動在全球廣為流傳。其中一個具影響力的團體，是由一群基督徒組成的克拉朋聯盟（Clapham Sect）。相遇於倫敦市郊克拉朋的他們，參與了各式各樣的社會改革。聯盟中最傑出的成員是威廉．威伯福斯（William Wilberforce，1759–1833），他協助促成一八〇七年大英帝國境內禁止奴隸貿易的立法，並且在一八三三年廢止奴隸貿易（不過有一些例外）。

威廉大街（Wilhelmstrasse）

柏林在世界史及歐洲史當中一直擔任要角，是普魯士及其後德國的權力中心。威廉大街從十九世紀晚期起，就是重要官方建築的所在地，不久之後也成為國家政府的代名詞。

柏林建城於十三世紀初期，當時是布蘭登堡（Brandenburg）的一部分。布蘭登堡是神聖羅馬帝國（Holy Roman Empire，由不同領土拼湊而成，涵蓋今日德國及周圍國家部分領土）的侯國之一，坐落在今日德國東部和波蘭西部。一四一一年布蘭登堡由霍亨索倫（Hohenzollern）家族統治，並以柏林為首都。十六世紀中期，霍亨索倫家族一如其他日耳曼統治者改宗路德教派（Lutheranism）。一六一八年，霍亨索倫家族繼承東邊的普魯士王國王位，擴大了布蘭登堡的領土。

到了十八世紀初期，柏林已經成為一座大都市。腓特烈．威廉一世（Frederick William I，1688 – 1740）在其治下大舉鋪設新街道，其中包括驃騎兵大街（Husarenstrasse），威廉一世歿後為了紀念他而更名威廉大街。將普魯士變成德國領導勢力的人，是人稱腓特烈大帝的腓特烈二世（Frederick II，1712 – 1786）。這位軍事天才四十六年的在位期間，見證了普魯士領土穩定擴張。身為啟蒙時代之子，腓特烈二世也是一位藝術及研究的大力贊助者，在柏林建起一座歌劇院、圖書館和科學院。

十九世紀時，柏林一如普魯士其他地方擁抱工業化，成長為歐洲最大的製造業聚集地之一。本是高級住宅區的威廉大街，成為普魯士政府機關的聚集地。一八七一年，威廉一世成為德意志帝國皇帝（Kaiser），在其統治下統一了德意志各王國。築起這條統一之路的政治家俾斯麥（Otto von Bismarck，1815 – 1898），成為德意志帝國的首任宰相。俾斯麥在威廉大街一處洛可可（Rococo）風格的貴族寓所設立自己的辦公室（外交部就在隔壁）。帝國總理府（Reich Chancellery）舉辦過數場國際會議，包括一八七八年的柏林會議（Congress of Berlin）。由於鄂圖曼帝國勢力衰退，歐洲強權在柏林會議裡重新畫分巴爾幹半島的地圖，並在那裡建立幾個獨立國家。一八八四到八五年，柏林西非會議（Berlin Conference）在帝國總理府舉行，十三個歐洲國家及美國單方面安排如何瓜分各自的非洲領土。

一九一八年德意志帝國垮台，起因於即將到來的一戰戰敗。那年十一月九日，末代皇帝威廉二世遜位，德國成為議會民主共和國家。儘管柏林是正式首都，市區烽火不斷

代表制憲是在威瑪（Weimar）進行。這個威瑪共和（Weimar Republic）掙扎於政治失和與經濟問題之中。一九三三年，法西斯的納粹黨（Nazi Party）領袖阿道夫·希特勒（Adolf Hitler，1889 – 1945）成為威瑪共和總理並領導聯合政府。希特勒及納粹黨人之後全盤掌控，使納粹黨成為唯一合法政黨，激烈地迫害政敵與德國的猶太人口。

瓦爾柏格堡（Wartburg Castle）

俯瞰艾辛納赫（Eisenach）城的瓦爾柏格堡，歷史可追溯至十一世紀中期，到了一四八五年已經由歷任薩克森公爵（Duke of Saxony）統治。瓦爾柏格堡在馬丁·路德（Martin Luther，1483 – 1546）的生命中扮演重要角色，路德因為批評天主教會而在一五二一年時遭逐出教會並被定罪。薩克森選侯腓特烈三世（Frederick III of Saxony，1463 – 1525）相信路德遭受不公平對待，讓他在瓦爾柏格堡避難將近一年。路德在那裡著手將新約譯成德文，並且寫下許多宗教短文。之後路德將在觸發宗教改革（Protestant Reformation）的路上繼續扮演要角。

希特勒希望將柏林打造成一座帝都，以與他的第三帝國（Third Reich）擴張計畫相襯。他發現舊帝國總理府毫不搶眼，於是指派他最喜愛的建築師亞伯特・史佩爾（Albert Speer，1905 – 1981）為政府總部設計一棟新建築。一九三八年新建築竣工，投射出納粹嚴厲的專制主義（附近還有另一棟新成員航空部〔Ministry of Aviation〕加入威廉大街）。威廉大街上最重要的地點之一元首地堡（Führerbunker），就藏身在總理府地下。元首地堡於一九三六年啟用，一九四四年全面重建，是大規模地下建築群的一部分，供管理德國的官員及政客使用。希特勒個人的地堡位處地下九公尺有餘，並且包覆在三公尺厚的水泥牆內。泥牆表面鋪以花崗岩板和鋼網，意味著就算遭轟炸也能倖存。進入地堡要經過一座螺旋階梯，階梯為巨大的鋼門所擋，並由地堡的私人保鑣、阿道夫・希特勒警衛旗隊（Leibstandarte SS Adolf Hitler）看守。元首地堡本身有十八個狹窄房間，占地五五五七平方公尺，擁有自己的發電機和幫浦室，以維持水電供應。通風系統異常吵雜，倘若關閉地堡會變得熱不可耐。

到了一九四五年，同盟國勢力從兩面夾攻德國。眼見敗局已定，希特勒撤回地堡，幾乎成為永久居民。他最後一次在地堡外公開現身，是四月二十日頒獎給男孩新兵們，表揚他們阻止了蘇聯進攻，然而為時已晚。那時柏林已是一片廢墟，遭同盟國轟炸機及

進逼的蘇聯軍隊轟炸得體無完膚。四月三十日，不願被活逮的希特勒在地堡內自盡。隨之而來的是五月八日德國投降，為二戰的歐洲戰場畫下句點。柏林戰役（Battle of Berlin）造成三十萬四千名蘇聯士兵傷亡，而德軍傷亡人數可能超過一百萬。至少有十萬百姓死於這場戰役。威廉大街的建築殘破殆盡，許多未遭摧毀的建築，戰爭過後仍然被拆除，以免它們成為納粹支持者的聖地。

二戰過後，柏林和德國一樣遭分割。西柏林一直是美、英、法的占領區，成為共產東德境內的內飛地（enclave）[1]。東西柏林分裂的代表就是柏林圍牆（Berlin Wall），一九六一年由東德當局所建，也切割了威廉大街。大街大部分落於東柏林，當局不希望政府辦公室設在幾乎等同於法西斯的大街上，這代表威廉大街失去了原有的地位。柏林與威廉大街彼此重逢，得等到一九八九年，身為共產政權一分子的柏林圍牆因為歐陸共產政權瓦解而倒塌。隔年，東西德正式重新合併。

新拉納克紡織廠（New Lanark Mills）

工業革命（Industrial Revolution）改變了生產製造過程，也徹底改變了全球社會與經濟。這一切起源於十八世紀英國，第一批真正的工廠在那裡建起，其中的先驅就是蘇格蘭的新拉納克紡織廠。

首座現代工廠是位在德比郡（Derbyshire）的克倫福得紡織廠（Cromford Mill），建於一七七一年。和這個時代許多機械化生產的新創企業一樣，克倫福得紡織廠也專注於紡織業。紡織廠的創辦人是理查．阿克萊特（Richard Arkwright，1732 – 1792），他原是一位假髮製造商，發明了能夠產出強韌棉線的水力紡紗機（water frame）。由於水力紡紗機是以水車為動力來源，並不適合在家中生產，因而必須放置在工廠裡。阿克萊特事業一帆風順，雇用數百名工人，五年後還在附近開了第二家紡織廠。接下來的十八和十九世紀，紡織品生產全面機械化，並且大幅改於工廠生產。其他許多工業也複製著同樣模式，伴隨而來的是生產力大幅提升，以及人口從鄉間遷移到城市。

一七八三年，蘇格蘭創業家大衛．戴爾（David Dale，1739 – 1806）邀請阿克萊特

評估在拉納克附近克萊德河（River Clyde）畔設立新工廠的可能性。兩人與銀行家喬治・丹普斯特（George Dempster，1732 – 1818）合夥，一年內便在一塊稱為新拉納克的土地上動工。工廠就坐落在克萊德河穿越一座峽谷之處，這表示河水能夠驅動水車，將原棉紡成棉線（河水經過建造的水壩、隧道及水道調節後才供應）。一七八五年戴爾終止合夥關係，以獨資方式繼續經營。一七八六年新拉納克首座紡織廠投入生產，一七八八年第二座紡織廠也開始營運。到了一七九三年，逾一千一百位工人在新拉納克工作，新拉納克成為一座欣欣向榮的新市鎮。起初，當地僅有三分之一居民是成人，這是因為十八世紀時工廠裡雇用童工及青少年工的情形十分普遍。他們許多是來自格拉斯哥（Glasgow）或愛丁堡的孤兒，又或是來自高地（Highlands）[2]的移民。一天的工作從早上六點開始，一直持續到晚上七點，不過兒童每日有兩小時的上課時間。

新拉納克吸引許多人造訪，包括威爾斯出生的商人羅伯特・歐文（Robert Owen，1771 – 1858），一七九八年時他在曼徹斯特經營一家成功的棉紡廠。歐文待在蘇格蘭時愛上了戴爾的女兒凱若琳（Caroline），兩人在一七九九年結婚。歐文之後主導合夥計畫，從岳父那裡以六萬英鎊買下新拉納克紡織廠，在一八〇〇年元旦時接掌管理。歐文增加每日工時到十四個小時。每個工人的工作位置上頭都有一塊稱作「監督員」

（monitor）的木頭，木頭每一面塗上不同顏色，以表示工人前一天的表現。黑色代表不佳、藍色代表一般、黃色代表良好、白色代表極佳。這些都會記入「品格冊」（books of character），長期監督工人表現。歐文按部就班改善新拉納克居民的生活，他們先前的居住條件並不好。歐文雇請保安在街上巡邏有無醉漢、設立生病基金供工人使用，還開設一間雜貨店，以接近成本的價格販售商品。

雖然新拉納克的生意持續蓬勃，一些歐文的合夥人卻認為他應該以利潤為第一優先，捨棄改善員工生活的各種計畫。多數工廠都可以見到這樣的經營思考，而這樣的工廠在歐洲及北美各地開始湧現。它們的環境多半危險、不衛生且令人不適。一八一三年，歐文重啟事業，選擇和他經營理念一致的投資者。歐文最終會將每日工時減至八小時，並在一八一六年時於新拉納克的中央廣場開設新人格養成機構（New Institution for the Formation of Character）。這是一間孩子十八個月大即可進入的學校，一路留在那裡就讀到至少十歲。除了小學教育，還會教導歌唱及舞蹈。機構在晚上持續開啟，供較大的孩子及青少年上課。社會改革家與教育家蜂擁而至，連未來的俄皇尼古拉一世（Emperor Nicholas I of Russia，1796－1855）都造訪了新拉納克。

伊利諾州芝加哥斯威夫特肉品包裝公司（Swift & Company's Meat-packing House, Chicago, Illinois）

現代大規模生產仰賴移動的生產線。從十九世紀起，工廠開始建立這樣的產線，如此生產才能依序完成，並在每一個工作站增加新的元件。此種生產模式的一個有名代表，就是密西根州高地公園（Highland Park）的福特（Ford）工廠。從一九一三年起，福特工廠組裝完成一台T型車（Model T）僅需一百五十分鐘。產線設計者是在參觀芝加哥一間屠宰場時受到啟發，那裡有一條輸送帶系統將動物屍體往下運送肢解，生產線上每位工人移除同一部位。

從一八一七年起，歐文便開始野心勃勃的社會改革計畫。他以新拉納克為典範提出自給社區計畫，社區內一千兩百位居民共同生活、工作，養家活口。進一步來說，他預見了一個以合作與追求共同利益為基礎的社會主義式社會。為了實踐他的計畫，一八二四年歐文搬到美國，隔年便將新拉納克紡織廠賣掉。歐文在印第安納州購地，建立起新和諧（New Harmony）社區。他的烏托邦計畫在內部爭議不斷的壓力下陷入困境，一八二七年賠上四萬英鎊（歐文百分之八十的財產）後，歐文離開了那裡。儘管歐文式社區在美國、加拿大、愛爾蘭及英國遍地開花，卻沒有一個持續下去。歐文返回家鄉，持續宣傳社會改革與工會主義（trade unionism），直到一八五八年離世。

新拉納克紡織廠持續運作，由於詹姆士．瓦特（James Watt，1736 – 1819）和馬修．波頓（Matthew Boulton，1728 – 1809）開發的蒸汽機愈來愈具效率，工廠設在河畔以利用水車動力的必要性不再。的確，蒸汽機的能量輸出很快就超越水車。到了一八八〇年代，新拉納克導入蒸汽動力，不過水車仍然持續運作到一九二九年。到了這個時期，英國不再是世界工廠，工業影響力也大幅減弱。一九六七年九月，新拉納克紡織廠宣告停工，隔年三月永久關閉，之後便荒廢。一間在地慈善機構從破敗中將它救起，現在它是聯合國教科文組織的世界遺產，以紀念物之姿展示身為英國工業革命時代要角的過去。

格拉斯哥大學（University of Glasgow）

一七一二年，湯瑪斯．紐科門（Thomas Newcomen，1664－1729）發明了一台能夠有效抽水的蒸汽機，在英國各地礦坑中廣為使用，不過這台機器燃料消耗量大，而且運轉不夠精確，難以驅動機器設備。受雇於格拉斯哥大學、負責維修及製作科學儀器的瓦特，成功駕馭了蒸汽動力。一七六三年，瓦特著手改良格拉斯哥大學擁有的一台紐科門蒸汽機引擎，奠定新引擎的製造基礎。在與商業夥伴波頓合作後，一七七五年新引擎推出，促進蒸汽動力的廣泛應用，尤其是在製造業領域。

安哥斯度拉（Angostura）

少有人物能夠像南美的西蒙．玻利瓦那樣，在整座大陸的歷史裡擁有決定性的影響力。他是十九世紀初期對抗西班牙殖民政府的革命戰爭旗手，他抱負遠大的獨立計畫就是在安哥斯度拉擬定的。這座城市位在委內瑞拉東北方的奧里諾科河（Orinoco）河畔。

到了十九世紀初期，西班牙的帝國勢力江河日下。隨著西班牙捲入拿破崙戰爭，其在海外殖民地的威信破裂，尤其是在美洲地區。從一八〇八年開始，多個地方軍事執政團（junta）宣布獨立，並建立起自治政府。仍然有許多人忠於西班牙皇室，一八一〇年他們與支持獨立的勢力之間爆發衝突。在墨西哥及中美洲地區，追求獨立的抗爭一直延續到一八二一年。脫離歐洲殖民控制的行動也在巴西上演。葡萄牙國王之子佩德羅一世（Pedro I，1798 – 1834）在宣布巴西獨立並經歷一場短暫戰爭後，於一八二二年受封為皇帝。其子及繼位者佩德羅二世（Pedro II，1825 – 1891）管理一個穩健且合法的政府，直到一八八九年在一場軍事政變中遭推翻，也導致君主制被推翻及共和政府的建立。

民族解放過程漫長之最，就在西屬南美地區。玻利瓦出生在卡拉卡斯（Caracas）一

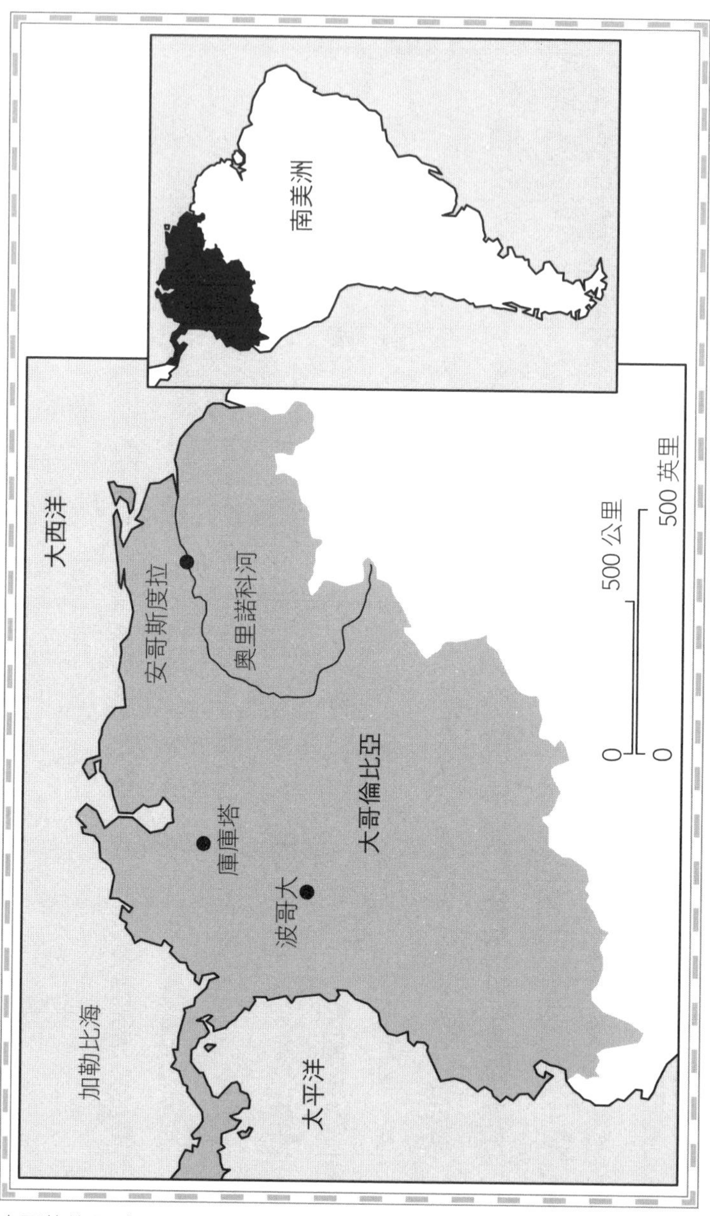

大哥倫比亞（Gran Colombia），一八一九到一八三一年。

個富裕的貴族家庭。他待在歐洲許多年，深信西班牙統治必須終止。一八一一年委內瑞拉宣布獨立，玻利瓦位居要角，不過沒能阻止隔年西班牙再次奪回這個國家。玻利瓦逃到新格拉納達（New Granada，今日的哥倫比亞），一八一三年率領遠征軍來到委內瑞拉，趕走西班牙人並自立為總統。他的勝利並不持久，一八一四年敗給西班牙後，努力讓民族對其忠誠的玻利瓦被迫流亡至牙買加。

一八一六年，玻利瓦回到委內瑞拉，一八一七年他的軍隊拿下了安哥斯度拉。這座城市建於五十年前，原本是沿海與內陸地區之間的貿易站。玻利瓦以安哥斯度拉為基地組織他的新共和，並計畫徹底解放委內瑞拉（安哥斯度拉也因一種通寧水而聞名，玻利瓦軍隊裡的一位普魯士外科醫師，從在地樹木的樹皮中萃取而出，以安哥斯度拉苦味酒的形式銷售）。負責奪下安哥斯度拉的將軍是曼努爾・皮爾（Manuel Piar，1774－1817），他與玻利瓦起衝突，結果指揮權被奪走。隨著皮爾潛在威脅的身分日益明朗，玻利瓦決定以儆效尤，建立自己的威信。一八一七年十月，皮爾被傳喚到安哥斯度拉，接受不服從、煽動叛亂、圖謀不軌及逃兵的審判，並全數認罪。玻利瓦簽署逮捕令，皮爾在中央廣場遭射擊小隊處決。當子彈飛來時，他擲下披風敞開胸膛大喊：「祖國萬歲！」

一八一九年二月十五日，玻利瓦在安哥斯度拉為國會揭幕，國會的二十六位代表都正是委內瑞拉及新格拉納達的獨立奮鬥著。玻利瓦發表演說，提出他對未來的願景，強調團結與集權的重要。那年春天，玻利瓦大膽領軍入侵新格拉納達，越過平原、湖泊及山岳奇襲西班牙人，在八月七日的博亞卡戰役（Battle of Boyacá）中擊敗他們，確保了南美北部的獨立地位。玻利瓦隨後返回安哥斯度拉，多虧他的影響，十二月十七日國會宣布委內瑞拉與新格拉納達合併組成哥倫比亞共和國。

為了與其他相似名稱的現代國家有所區別，哥倫比亞共和國變成所謂的大哥倫比亞。完成委內瑞拉解放大業的玻利瓦，持續宣傳反抗西班牙人，擴張大哥倫比亞領土至包含今日的厄瓜多與巴拿馬，以及部分的巴西、蓋亞那（Guyana）和祕魯。

大哥倫比亞的制憲辯論移師庫庫塔（Cúcuta）城，一八二一年五月六日到十月十四日在那裡召集國會，決定創設一個集權國家，定都波哥大（Bogota），並賦予總統極大權力，這個職位一如預期是由玻利瓦占據。奴隸制也遭廢除。與此同時在南美大陸南方，抗爭先鋒荷西・德・聖馬丁（José de San Martín，1778 – 1850）帶領拉布拉他河聯合省（United Provinces of the Rio de la Plata，包括今日阿根廷多數地區、玻利維亞及烏拉圭）在一八一八年走向獨立。同樣是那年，智利在聖馬丁的協助下成為獨立國家。

哈瓦那灣（Havana Harbour）

到了十九世紀中期，西班牙在美洲的屬地只剩下波多黎各與古巴。在一八六八到七八年和一八七九到八〇年，古巴反抗分子為獨立而戰。一八九五年戰事再度爆發。一八九八年一月，輿論普遍支持古巴反抗者的美國，派遣緬因號（USS Maine）戰艦到哈瓦那灣，保衛該市美國公民，衝突因而轉向。隔月緬因號爆炸並沉沒，確切原因至今未知。無論如何，這件事導致美國向西班牙宣戰，西班牙於一八九八年八月投降，將波多黎各、關島及菲律賓移交給美國，古巴則獲得獨立。

儘管身為擁有廣袤領土的大哥倫比亞首領，玻利瓦仍然追求南美洲全域贏得獨立。從一八二四到一八二五年，與聖馬丁密切合作的玻利瓦繼續從事獨立運動，協助祕魯及玻利維亞達成獨立，玻利維亞還以玻利瓦之名為國家命名。當玻利瓦專注於獨立運動，大哥倫比亞日益動盪，他的歸來，沒有緩解侵擾這個國家的內部緊張。一八三〇年四

月，他協助打造的共和國瀕臨崩潰邊緣，態勢逐漸明朗，玻利瓦於是辭去總統職位。七個月後玻利瓦死於肺結核，大哥倫比亞在一年內解散。為了向他致敬，一八四六年安哥斯度拉更名玻利瓦城（Ciudad Bolívar）。這確實是極大的推崇，不過玻利瓦肯定比較希望有一個統一且獨立的南美洲持續下去。

黑山（The Black Hills）

黑山坐落於懷俄明州東北及南達科他州西邊的平原地帶，是一處被森林覆蓋的坡地、山頂及谷地。數個美國原住民族視黑山為神聖之地，他們的故事透露著他們經常遭遇的暴力對待與背信忘義。

大約到了西元前兩萬八千年，全球氣溫降低，使得亞洲與美洲之間形成一座陸橋，一直存續到約西元前一萬四千年。這座陸橋讓狩獵採集族群得以從亞洲遷移到美洲各地定居。北美的原住民族建立起多樣的文化，他們有一些採取定耕農業，一些則是游牧形式，而且是五十餘種語族的孕育之地。

十六世紀時，歐洲人開始大量殖民北美，他們的到來對原住民人口來說是場災難。他們帶來了原住民無法抵抗的疾病，暴力事件更是屢見不鮮。隨著愈來愈多歐洲人前來定居，美洲原住民發現他們被迫離開祖先的土地。許多原住民族與各個歐洲勢力結盟，並時常從中挑撥離間。十八世紀中期，英國贏得北美殖民統治權後，原住民族失去選擇合作對象的機會。一七八三年美國贏得獨立後，旋即實行西進擴張的長期政策。一八三

○年的《印第安遷徙法案》（Indian Removal Act）賦予總統權力，將美國原住民從其土地上遷離重新安置。因此，美國東南有約十萬名原住民，在野蠻且不人道的情況下被迫驅往西行，其中約有百分之十五的人會在這條血淚之路（Trail of Tears）上喪命。

一八四八年，美國強迫墨西哥將格蘭德河（Rio Grande）以北領土讓與美國。也是在那年，加州發現了黃金，點燃了數千人西進定居的淘金熱，也破壞了他們行到之處原住民族的狩獵領域。為了維持和平，美國政府與美國原住民簽訂了一系列協議，定出他們的領地。例如在一八六八年，依據《第二次拉勒米堡條約》（Second Treaty of Fort Laramie），授予蘇族（Sioux）及阿拉帕霍族（Arapaho）於黑山地區活動的權利。然而，不出幾年這個條約就會受到質疑。

身為騎兵團軍官，喬治．阿姆斯壯．卡斯特（George Armstrong Custer，1839－1876）以英勇和華麗外表（他偏愛留一頭長金髮並穿著特製制服）獲得注目，在南北戰爭期間為美利堅合眾國（Union）[2]作戰，年僅二十三歲就晉升為准將。當承平之時到來，卡斯特因為軍隊縮編而遭降職。他參與了幾場征討堪薩斯平原印第安人（Plains Indians）的懲罰行動，並在一八六八年沃希托河「戰役」（'Battle' of Washita River）中主導夏安族（Cheyenne）營區的大屠殺（包括長者、婦女和孩童）。一八七四年，卡斯特率軍出征黑山，意圖確認該地藏有金礦的傳聞。當他上報確有黃金在黑山，激起了前往遙遠地區的淘金熱潮。儘管《第二次拉勒米堡條約》承諾保護黑山，當數百淘金者紛然而至時，這個條約早被拋諸腦後。

查科峽谷（Chaco Canyon）

在美國西南方，原住民建了一些石塊與土坯（一種土壤、水及有機材料如麥稈製成的建築材料）做成的建築物。這些建築物時常排列成多層房屋，房間由下方的梯子進入，這些梯子具有保護居民的作用。西班牙殖民者稱這些聚落為普韋布洛（pueblo），西語指村鎮，許多普韋布洛居住有數百人。普韋布洛最密集處之一就是新墨西哥州的查科峽谷，從約八五〇年開始便有許多這樣的複合建築在此生根，並有一座重要的宗教及經濟中心，西元一二五〇年後由於旱災而遭廢棄。

美國政府正式廢除他們先前的承諾，在一八七五年底命令每個抗拒白人淘金者到來的黑山地區原住民，若不在一八七六年一月三十一日前搬至保留區，就要被視為是「充滿敵意」的。由於正值冬天，根本無法做到這樣的要求。反對白人侵犯黑山的領袖人物之一，是拉科塔（Lakota）蘇族的戰士坐牛（Sitting Bull，約 1831 – 1890），他是亨克帕帕族（Hunkpapa）的一分子。那年春天，數百個蘇族、夏安族和阿拉帕霍族部落因為坐牛的遠見而凝聚，離開各自的保留區，加入坐牛在蒙大拿南部小巨角河（Little Bighorn River）的營區。

一八七六年五月，三個美國陸軍分遣隊西進與坐牛會面。卡斯特領導最大一支分隊，人數約七百，在六月二十五日來到坐牛的地盤。隊伍行蹤曝光後，卡斯特下令攻擊，並將部隊一分為三，結果嚴重削弱部隊戰力。卡斯特沒有意識到敵人的真正戰力，他聽聞僅有八百名戰士迎戰，然而事實上有超過一千八百名。在接下來的戰役裡，卡斯特和其兩百一十人的分遣隊被孤立。他們全數遭殺，另外還有五十五名美國軍人。

美國政府的軍力對坐牛來說終究太過強大。當援軍趕至，一八七七年蘇族和其盟友們被迫放棄在黑山活動的權利，在保留區裡定居。坐牛率領追隨者北上加拿大，不過水牛數量的減少讓他與其他原住民們面臨饑荒。水牛是他們賴以維生的食物（他們也會拿水牛的其他部位製作各種物品，包括梯皮帳篷〔tipi〕、衣物、鞋子和弓弦），他們於是在一八八一年投降。坐牛搬到了立岩（Standing Rock）的蘇族保留區，不過持續反抗出售部落土地。一八八九年後，幽靈舞（Ghost Dance）運動受到蘇族人民擁戴，一切來自一則預言，會有一位救世主來到驅逐白人定居者，並且主導舊時生活方式的回歸。當局擔憂坐牛會在秩序崩解之中成為一位精神領袖，一八九〇年十二月便下令逮捕坐牛。坐牛在盟友們試圖解救他時遭到殺害。到了那時，大多數美國原住民已經被迫遷至保留區，直到今日，身處保留區的他們仍時常面臨惡劣的生存條件、貧窮，以及政府強迫將他們「融入」西方文化的意圖。

凱勒梅堡監獄（Kilmainham Gaol）

十九及二十世紀最重大的主題之一就是民族自決。少有地方民族自決的戰役激烈程度比得上愛爾蘭，許多關鍵事件正是在都柏林的凱勒梅堡監獄中上演。

英格蘭與愛爾蘭發生關係是從十二世紀開始，當時盎格魯諾曼（Anglo-Norman）騎士在愛爾蘭登陸。一一七一年亨利二世（Henry II，1133 – 1189）入侵愛爾蘭，一一七七年亨利二世讓其子約翰（John，1166 – 1216，一一九九年成為英王）成為「愛爾蘭領主」（Lord of Ireland）。儘管英格蘭王室吃力地維護自身對整座愛爾蘭島的控制權，一五四二年亨利八世依舊自封為「愛爾蘭國王」，這個頭銜也被之後的英格蘭君主採用。十六及十七世紀時，來自蘇格蘭及英格蘭的新教移居者在愛爾蘭建立種植園，創建許多社區，最後集中在北部。此時愛爾蘭天主教徒常有叛亂。然而到了十八世紀，英國王室統治愛爾蘭，不過愛爾蘭保留自己的國會。一七九八年，一個稱為聯合愛爾蘭人會（United Irishmen）的共和革命團體，在法人協助下發動叛亂，結果不到四個月就被徹底擊敗，導致一八〇一年《聯合法令》（Acts of Union）生效，大不列顛與愛爾蘭合併為聯合王國（United Kingdom）。

由維京拓荒者創建的都柏林，長久以來是英國對愛爾蘭的勢力集中地及影響之最。都柏林繁盛於十八世紀，人口成長顯著，並有許多新建築，其中之一是位在凱勒梅堡近郊的「新監獄」（New Gaol），用來取代附近一座年久失修且骯髒不堪的監所。新監獄於一七九六年開幕，是一座宏偉的石灰及花崗岩建物，擁有兩排側翼。然而，牢房既冷且暗又過於擁擠，疾病很快造成問題。因此，東邊側翼從一八五七到一八六一年重建，擁有九十六間光線充足的牢房，並且採取圓形監獄（panopticon）設計概念，理論上，一位獄警就能夠監視所有獄友。

與此同時，一八四五年到來的馬鈴薯晚疫病（potato blight），是愛爾蘭歷史的轉捩點，導致這座國家的主食歉收，引發長達四年的饑荒與疾病，一百萬人死亡及一百萬人遷離。愛爾蘭大饑荒（the Famine）導致人民對愛爾蘭英政府當局的敵意漸增，許多人相信英人的危機應變能力不足。大饑荒過後數年，芬尼亞運動（Fenian Movement）四起，運動擁護者願意藉暴力取得愛爾蘭獨立。許多運動成員和其他政治犯都被關在凱勒梅堡。與激進的芬尼亞恰恰相反，有一個平和許多的運動追求「自治」，目標是透過立法取得地方自治權。經過一八八六及一八九三年兩次自治法案失敗後，一九一四年第三

次自治法案終於立法，將會讓愛爾蘭擁有自己的委任分權議會（devolved parliament），不過阿爾斯特省（Ulster）內最具新教色彩的六個郡，將被暫時排除在立法範圍之外。由於第一次世界大戰爆發，立法行動中止，之後再也沒有妥善準備立法。

到了這時，凱勒梅堡監獄已經不再身為監獄。為求節省開支，一九一〇年監獄關閉，獄友們轉到其他地方安置。監獄建築交給英國陸軍，用來作為營房及軍事監獄。一九一六年復活節，一群愛爾蘭共和派人士趁著英政府忙於戰爭時，在都柏林起義。在復活節星期一，共和派占據了市區幾處地點，包括郵政總局（General Post Office）。就是在這棟建築的階梯上，反抗首領之一、作家教師兼律師的派屈克．皮爾斯（Patrick Pearse，1879－1916）公開朗讀愛爾蘭共和國獨立宣言。經過六天與英軍抗戰，反抗者投降。多位首領被捕，經軍法審判後遭處以死刑，其中十四人在凱勒梅堡的院子裡由行刑隊槍決。裡頭一位社會主義者詹姆士．康諾利（James Connolly，1868－1916）在抗爭時已受傷而無法站立，他於是被縛在椅上槍決。這些人並未得到應有的尊嚴，沒有個人葬禮甚至沒有靈柩，只是簡單葬在集體墓園裡。當局對復活節起義（Rising）的粗暴回應，導致支持共和主義的勢力激增，民族主義政黨新芬黨（Sinn Féin，一九〇五年成立，黨名在愛爾蘭語裡意指「我們自己」）愈來愈受歡迎。一九一八年，新芬黨在英國國會一〇五個愛爾蘭議員席次裡贏得七十三席，不過他們拒絕前往西敏寺就職，而是在一九一九年於都柏林創立自己的國會——愛爾蘭眾議院（Dáil Éireann，意指「愛爾蘭的眾議院」）。

其後愛爾蘭陷入共和軍與英軍之間的戰爭，凱勒梅堡恢復監獄的身分。戰爭因《英愛條約》（Anglo-Irish Treaty）而落幕，依約創立自治領愛爾蘭自由邦（Irish Free State）。這使得愛爾蘭分裂，多半屬於新教的東北六郡必須選擇是否留在聯合王國裡，一如預期他們選擇留下。分裂問題也使新芬黨出現分歧，導致支持與反對《英愛條約》的兩方在一九二二年引發內戰。凱勒梅堡由支持方控制，他們將它用來拘留昔日的袍澤。愛爾蘭內戰（Irish Civil War）在一九二三年結束，支持《英愛條約》的一方獲勝，隔年最後一批獄友離開凱勒梅堡。凱勒梅堡遭棄置，一九二九年宣告正式關閉。

一九四九年四月十八日，復活節起義三十三週年時，愛爾蘭正式成為共和國，完全切斷任何與聯合王國的憲法連結。凱勒梅堡儘管身為獨立抗爭時英雄們的殉難之地，卻已經變得破舊不堪且雜草蔓生。一九五八年，一個以重建凱勒梅堡為目標的社團成立。多虧捐款與志工的協助，凱勒梅堡恢復昔日樣貌，如今以博物館之姿對外開放。

紅場及克里姆林宮（Red Square And the Kremlin）

俄羅斯歷史基本上與莫斯科緊密相連，這座城市的心臟是克里姆林宮要塞建築群，以及鄰近的紅場。

莫斯科被載入歷史是在一一四七年，寫著尤里·多爾戈魯基（Yury Dolgorukiy，約1099－1157）成為基輔大公（Grand Prince of Kiev，統治今日的烏克蘭、白俄羅斯及俄國西部）之前曾在那裡用餐。九年之後，莫斯科建起一座堡壘，四周圍繞有木牆建於土牆之上，形成克里姆林宮的基底（「克里姆林」可能來自希臘語，指堡壘），之後將成為一座小鎮的中心，這座小鎮也終將成長為一座城市及地方公國。一二三七年，蒙古人入侵俄羅斯。隔年當蒙古人兵臨莫斯科時，克里姆林無法擋下他們。莫斯科和其他許多城鎮一樣，被拿下後歷經燒殺擄掠。蒙古人隨後建立起稱為欽察汗國的政體，在俄羅斯諸多公國之上享受霸主地位，包含莫斯科大公國。儘管被迫向蒙古人進貢，莫斯科大公們依然重建這座城市，加強克里姆林的防禦能力，並且藉由吞併其他公國壯大勢力。終於在十四及十五世紀時，莫斯科大公們足夠強大，有能力成為抵抗蒙古的首領。

「大帝」伊凡三世（Ivan III，1440－1505）在一四八〇年時擊敗欽察汗國，在位時除去了欽察汗國對俄羅斯的影響。伊凡三世大舉翻修並擴建克里姆林宮，雇請來自義大利的建築師及建築工人。完工的建築體擁有超過一英里（一．六公里）長的磚牆及二十座高塔。克里姆林宮成為王室寓所及政府中心，同時也是俄羅斯東正教會（Russian Orthodox Church）的要地。克里姆林宮的中央廣場四周建有三間主教座堂，最年邁者是聖母升天主教座堂（Cathedral of the Assumption），建於一四七五及一四七九年。其次是聖母領報主教座堂（Cathedral of the Annunciation），曾經為俄羅斯統治者的個人小教堂，初建於一四八四到八九年，燒毀後於一五六二到六四年重建。最後是天使長聖米迦勒主教座堂（Cathedral of St Michael the Archangel），建於一五〇五到〇八年，原址是一間十四世紀的主教座堂，在首都遷至聖彼得堡之前也是沙皇長眠之所。主教座堂廣場（Cathedral Square）用於舉辦國家重大活動，也仍然是俄羅斯總統就職典禮的地點。在伊凡三世重新修建克里姆林宮的同時，一座新廣場就在克里姆林宮東邊落成（原本有護城河隔開兩地，之後又鋪了通道）。這座稱為紅場的廣場占地約七四三二二平方公尺，裡頭有莫斯科最大的市場。

冬宮（The Winter Palace）

聖彼得堡（St Petersburg）是一七〇三年由彼得大帝（Peter the Great，1672－1725）創建，九年之後成為俄羅斯首都。一七一一年，彼得大帝有了一間專為自己打造的巴洛克式寓邸冬宮。經過一系列設計更動，一七六二年終於落成。完工的冬宮有逾一千間廳室，是俄羅斯帝國勢力的象徵。一九一七年二月革命（February Revolution）後，冬宮成為俄羅斯臨時政府（Russian Provisional Government）所在地，不過在共黨統治下宣告成為隱士廬（Hermitage）博物館群的一分子。

一五四七年，伊凡三世的孫子、人稱「恐怖伊凡」的伊凡四世（Ivan IV，1530－1584）自封「俄羅斯沙皇」（Tsar of Russia），以此新頭銜傳達莫斯科與日俱增的勢力，並與鄰國交戰以擴張領土。為了紀念彪炳戰功，伊凡四世下令在紅場南端建造聖瓦西里主教座堂（Cathedral of St Basil the Blessed）。大約建於一五五四到六〇年，聖瓦西里主教座堂的獨特設計與九座彩色高塔，成為莫斯科與俄羅斯的象徵代表。儘管內憂外患不斷，沙皇們仍舊持續擴張俄羅斯領土，尤其是在彼得大帝時期。一七一二年，彼得大帝將首都遷往聖彼得堡，九年之後開始將自己打造成皇帝形象。

到了十九世紀初期，俄羅斯已是歐洲強權，卻捲入了拿破崙戰爭。一八一二年拿破

崙入侵俄羅斯，九月時已遠遠挺進莫斯科。隨著大軍兵臨城下，一場大火延燒，摧毀了三分之二的建築。拿破崙因此控制了一座荒城，一個月後便撤離。接下來的十九世紀，莫斯科大舉重建，包括克里姆林宮，一座全新王宮在那裡落成。一八七二年，紅場北端建起一座國家歷史博物館（State Historical Museum）。一八九三年，沿紅場東緣而建的上流商廊（Upper Trading Rows）開幕，是一間擁有數百商店的罩頂複合商場。上流商廊在共黨統治下國有化，並更名為國營百貨商場（Gosudarstvenny Universalny Magazin; State Department Store; GUM）。一九三〇年百貨關閉，改作為政府辦公室使用，之後重新整修，一九五三年以複合商場之姿重新開幕。現在私有化的國營百貨依然是一座人氣商場。

一九一七年俄羅斯帝國來到崩潰邊緣。隨著俄羅斯不幸參與第一次世界大戰而起的不滿情緒四溢，二月革命見證了大規模起義，導致尼古拉二世（Nicholas II，1868 – 1918）遜位。臨時政府持續參戰，但一戰依然令人民厭惡，結果讓列寧（Vladimir Lenin，1870 – 1924）領導的革命派政黨布爾什維克（Bolsheviks）在十月革命（October Revolution）期間奪權。為了鞏固自己的勢力，列寧向反共黨勢力發動長期內戰，在一九二二年告捷，並正式成立蘇維埃社會主義共和國聯邦（Union of Soviet Socialist

Republics）。列寧還將首都遷回莫斯科。克里姆林各棟建築用來安置政府辦公機關。紅場多次舉辦活動，展示蘇聯的國力與上下一心，其中最引人注目的，就是五一勞動節及十月革命週年時舉行的閱兵。列寧死後，經防腐處理的遺體安置在紅場西側一處陵寢，至今仍然展示於眾人眼前。

斯摩稜斯克（Smolensk）

位於聶伯河畔（Dnieper River）的斯摩稜斯克是俄羅斯的古城之一，歷史可追溯至九世紀中期。當時斯摩稜斯克是波羅的海和黑海之間，同時也是莫斯科和歐洲其他地方之間路線的重要驛站。如此的位置表示數世紀以來斯摩稜斯克一直是兵家必爭之地，它曾遭蒙古人洗劫，也曾受立陶宛及波蘭統治。一八一二年拿破崙軍隊火燒斯摩稜斯克城。一九四一年軸心國侵略蘇聯時，激烈的戰事也是在斯摩稜斯克上演。

最後一次危及莫斯科生存的巨大威脅，來自納粹德國。一九四一年六月，軸心國發動奇襲俄羅斯的巴巴羅薩行動（Operation Barbarossa）。到了十月，軸心國軍隊兵臨莫斯科，大多數居民已經撤離。多虧蘇聯抵死防禦，軸心國軍隊沒能進入莫斯科，且被迫撤退。儘管莫斯科在戰火中飽受摧殘，它依然度過危難，克里姆林宮及紅場也保留了下來。

南極（The South Pole）

地球上最南端的南極坐落在南極洲，一直未受人類打擾，直到一八二〇年代。之後數十年間，許多探險隊試圖踏上南極，多半以災難告終。

南極洲大陸占地約一千四百二十萬平方公里，全境幾乎為冰所覆蓋，厚度平均二．四公里。周圍海域也覆蓋著冰，暗潮洶湧，意味著人類歷史上南極多半與世孤絕。南極洲最早出現在人類眼前是在一八二〇年，俄羅斯、英國及美國航海探險隊都宣稱自己先於他人發現。首位踏上南極洲陸地的人可能是美國人約翰．戴維斯（John Davis，生於一七八四年），據說他為了尋找海豹，在一八二一年時短暫造訪該地。不過，直到一八九〇年代，南極洲多半未受人類侵擾，雖然幾個探險隊已經沿著海岸線勘查。

一八九八年英國探險隊出征南極洲，由挪威出生的探險家卡斯滕．博克格雷溫克（Carsten Borchgrevink，1864 – 1934）指揮。一行人乘坐專為撈捕海豹打造的南十字號（Southern Cross）蒸汽船，在一八九九年二月於南極洲登陸。他們搭起一座營地在那裡過冬，之後更往南行至無人到過之處，不過並未到達極點。一九〇〇年博克格雷溫克一

行人安全返抵英國，激勵其他人出海探險，其中包括一九〇一到〇四年的英國極地探險（British Discovery Expedition），進一步探索南極並實行幾項科學實驗，包括發射觀測氣球。探險隊一行人中有兩位男子羅伯特・史考特（Robert Falcon Scott，1868－1912）及歐內斯特・薛克頓（Ernest Shackleton，1874－1922），即將與首次抵達極點的探索畫上等號。薛克頓是首位做此嘗試的男子，一九〇七到〇九年，他的尼姆羅德考察隊（Nimrod Expedition）來到極點附近一六〇公里內，不過被迫掉頭。

一九一一年，兩隊人馬嘗試到達南極點，一隊由史考特領軍，另一隊是一支由探險家羅爾德・阿蒙森（Roald Amundsen，1872－1928年）帶領的挪威探險隊。阿蒙森已經因為率領首支航海隊穿越西北航道（Northwest Passage）而負有盛名。阿蒙森借雪橇犬之力（之後多數雪橇犬成為一行人的食物來源），與四位同行者在十二月十四日抵達南極點。他在極點附近紮營，將該處稱為波爾海姆（Polheim），留下一支搭好的帳篷及補給品。一行人在一月二十五日返回船上，之後航向塔斯馬尼亞（Tasmania），在那裡他們能夠透過電報，向全世界宣傳他們的壯舉。史考特和他的四人小組也抵達了南極點，不過是在一九一二年一月十七日到達，晚了阿蒙森三十四天。史考特一行人並沒有安全返家，他們死於基地營補給隊未到之時。八個月後，冰凍的遺體才被發現。

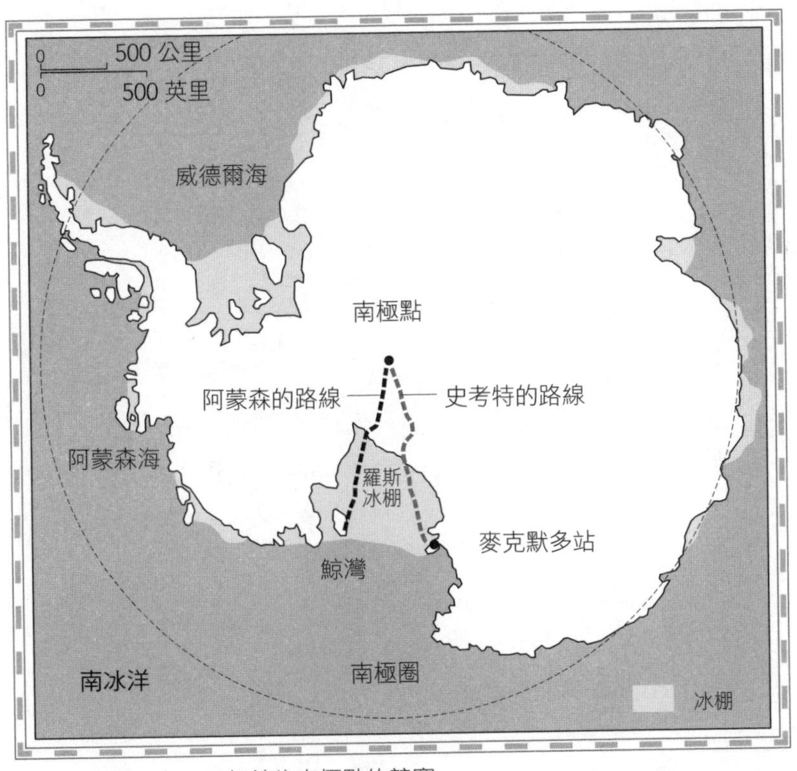

一九一一到一九一二年前往南極點的競賽。

西北航道（The Northwest Passage）

一九一四年巴拿馬運河（Panama Canal）完工前，航海家探尋著一條航海路線，從大西洋直接到太平洋而不必繞道合恩角（Cape Horn）。一個可能選項是西北航道這條穿越北極群島（Arctic Archipelago）的路徑。在眾島嶼和漂浮的冰山中找出安全通道風險很高，從十五世紀晚期以來多次努力未果。直到一九〇三到〇六年，阿蒙森才成功發現西北航道。這條路線原本因為覆冰過多而不符商航利益，不過近來全球暖化，已經讓這趟航程更容易達成。

探險家們下一個遠大抱負是要穿越南極大陸。一九一四年，薛克頓返回南極執行這項任務，不過在他開始嘗試之前，他的航船堅忍號（Endurance）卡在浮冰之中。經過數月漂流在海上，堅忍號在一九一五年十月解體沉入海底，留下薛克頓一行人困於其中。他們接著利用救生艇來到距南極洲一二四〇公里外的象島（Elephant Island）。之後薛克頓駕著僅有六．八公尺長的改良式救生艇，帶著五名男子在大海上航行約一千三百公里，來到英國的南大西洋屬地南喬治亞（South Georgia）。憑著優異的駕船技術，薛克頓抵達南喬治亞，並安排救援隊前往象島，全體隊員奇蹟般地安然度過危難。而成功穿越南極大陸，得等到一九五五到五八年大英國協跨南極探險隊（Commonwealth Trans-Antarctic Expedition）。由私人及英、紐、美、澳及南非等國政府資助的大英國協跨南極探險隊，隊長是英國探險家維維安．福克斯（Vivian Fuchs，1908－1999），成員包括才剛登上埃佛勒斯峰（Mount Everest）的紐西蘭人艾德蒙．希拉里（Edmund Hillary，1919－2008）。從一九五七年十一月二十五日到一九五八年三月二日，一行人利用曳引機及飛機支援，經過南極點後成功穿越南極洲。

埃佛勒斯峰（Mount Everest）

一八五二年，印度數學家拉德哈納特．希克達爾（Radhanath Sikdar，1813－1870）計算出人稱珠穆朗瑪（藏語意為「山谷女神」）的喜馬拉雅

山峰，是全世界最高的山，海拔高度八八三九公尺，之後的測量顯示出希克達爾的數據只比確切海拔低十．六公尺。之後珠峰以英國籍的英屬印度測繪局局長之名，重新命名為埃佛勒斯。攀登埃佛勒斯峰之舉經過數次失敗，一九五三年，一支英國探險隊終於將其征服，是由希拉里及尼泊爾裔印度人丹增．諾蓋（Tenzing Norgay，1914－1986）最先到達山頂。

隨著對南極洲的興趣復燃，加上該地區在國際法裡地位不明，一九五九年十二月一日，對南極洲有興趣的十二個國家（阿根廷、澳洲、比利時、智利、法國、日本、紐西蘭、挪威、南非、蘇聯、英國、美國）在華盛頓特區簽署一項協約。身處冷戰緊張氣氛中的各國，同意南極洲應該是沒有軍事基地及武器測試的非軍事區，各國可自由進行促進合作的科學調查。許多研究站在那裡成立，一九九一年，一項新公約啟動南極洲環境的保護程序，任何礦物或石油的商業開採都被禁止，直到二〇四八年。然而，南極洲最主要的威脅來自氣候變遷，導致該地區海水溫度上升，冰層迅速流失。

—譯註—

1 指某國家境內的土地主權屬於另一國家，則該地區稱為此國家的內飛地。

2 南北戰爭期間的北方軍隊，南方是美利堅聯盟國（Confederate）。

第八章

現代世界

好萊塢（Hollywood）

二十世紀見證了電影在全球各地崛起，成為最受歡迎的藝術形式，其中執牛耳者無疑是美國的電影產業，代名詞就是洛杉磯近郊的好萊塢。

十九世紀晚期，發明家以簡單的動畫技術進行實驗，發展出電影膠片，以單台相機拍攝出短的連續動作。初次公開放映是在一八九五年的巴黎，由奧古斯特・盧米埃（Auguste Lumière，1862 – 1954）及路易・盧米埃（Louis Lumière，1864 – 1948）兩兄弟舉辦，他們倆發明了一種電影拍攝機，稱為活動電影機（cinematograph）。不到十年，歐洲各城鎮開設電影院，大批群眾付錢觀看愈來愈長且愈加細膩的影片。由於影片無聲，在廳裡播放時經常會有現場演奏音樂相伴。

美國很快就採納這項新技術及藝術形式，起初電影產業主要集中在東岸地區。一八九三年，發明家湯瑪斯・愛迪生（Thomas Edison，1847 – 1931）在紐澤西的西奧蘭治（West Orange）他自己的實驗室裡開設一間電影攝影棚。第一個美國影業之「都」，就是紐約隔壁的紐澤西李堡（Fort Lee）。一九〇七年起，製片公司受李堡便宜且充足土地的吸引，開始在當地建立製片廠。片廠老闆很快體會到，有著可靠艷陽天（當時人工光源技術還未成熟）及容易前往各地方會比較理想，於是他們落腳在加州城市洛杉磯一隅的好萊塢。

一五四二年第一批西班牙探險家來到加州之前，那裡是數個美洲原住民族的家鄉。歐洲殖民始於十八世紀晚期，不過規模相當小。一七八一年，西班牙人在一處沙漠地區建立一個小型聚落，他們將聚落取名為「天使女王之城」（El Pueblo de la Reina de los Angeles），即是眾所周知的洛杉磯。一八二一年，墨西哥成功脫離西班牙獨立後，加州成為墨西哥的一部分。一八四八年美墨戰爭（Mexican–American War）結束後，美國取得加州的控制權。同年，移居潮因黃金現身而起。人口的湧入，讓加州在一八五〇年時獲得州級地位。在此同時，洛杉磯加入全國鐵路網絡，外港規模與設施升級，此後迅速成長為大都市。

好萊塢一開始是一個農牧社區，十九世紀晚期發展成為一座小鎮，並在一九一〇年時與洛杉磯合併。就在那年，首支全程在好萊塢拍攝的電影《在古老的加利福尼亞》（*In Old California*）開拍。一九一一年，一家電影製片廠在日落大道（Sunset Boulevard）開幕。接下來十年，有愈來愈多製片廠從美國東岸轉往好萊塢開設，在那

裡建造大型拍攝場地及攝影棚，開啟美國影業的「黃金時代」。一直持續到一九六〇年代，創造出的風格、慣例、技巧及美學概念，至今依然極具影響力。這段時期還見證了有聲電影及彩色電影的製作。一九二三年，有名的「HOLLYWOOD」標誌放上了俯瞰這個地區的山丘。標誌原本寫作「HOLLYWOODLAND」，不過一九四九年修復作業進行時，最後四個字母被拿掉了。一九七八年標誌全面換新。就在那年，好萊塢來了另一位歷久不衰的影業要角，他是試驗以手繪動畫製作影片的藝術家華特·迪士尼（Walt Disney，1901 – 1966）。他的同名製片廠製作了一系列影片，讓動畫片成為一種類型。一九五五年，他的同名主題樂園迪士尼樂園（Disneyland），在好萊塢東南四十八公里左右的安那翰（Anaheim）市開幕，為娛樂產業帶來一番新氣象。

奧克伍德農莊（Oakwood Grange）

路易斯．普林斯（Louis Le Prince，1841 – 1890）是一位實驗電影藝術的法國發明家，他暗自發明出一台能夠拍攝移動圖畫的攝影機，一八八八年用這台攝影機錄下一段兩秒默片，是奧克伍德農莊內的家人在花園中的場景。奧克伍德農莊位在英格蘭北邊城市里茲（Leeds）近郊的朗德海（Roundhay）。這部短片是至今留存下來最古老的電影片。

好萊塢的黃金時代從一九一〇年代一直延續到一九六〇年代，這段時期製片廠有「五巨頭」（Big Five）主導美國影業，分別是二十世紀福斯（20th Century Fox）、米高梅（Metro-Goldwyn-Mayer）、派拉蒙影業（Paramount Pictures）、雷電華（RKO）及華納兄弟（Warner Bros）。這些製片廠不僅製作電影，還負責發行及上映，同時藉由長期綁約控制導演和演員。他們製作的電影不僅在美國受到歡迎，在世界各地也有許多觀眾。第二次世界大戰過後，好萊塢開始改變。一九四八年，最高法院判定擁有連鎖影院的電影製片廠若僅放映自家電影，這種獨占作法並不合法，結果導致五巨頭勢力消退。此外，一九三〇年後限制美國電影內容的道德審查準則海斯法典（Hays Code），到了一九六〇年代開始瓦解並廢除，讓電影變得更具實驗性且粗俗。同時，大約在一九四七年過後，好萊塢陷入橫掃全美的偏執反共浪潮之中。政府調查共產主義，包括傳喚幾位好萊塢要角前往華盛頓特區的聽證會作證。其中有十位拒絕出席，結果遭罰款及入獄。他們及數百名演員、導演、作家及其他專業人士由於有同情共產的嫌疑，之後都被美國電影製片廠實質禁止雇用。如此「入列黑名單」的作法持續超過十年。

對好萊塢電影霸主地位造成的最大破壞，或許來自電視的崛起。電視的崛起削弱電影的影響力，導致觀眾和收益的減少，不過好萊塢之後還是成為了新興電視產業的重要樞紐。隨著時間推移，許多電影製片廠拋卻好萊塢，開始轉往洛杉磯不同地區，甚至整廠遷出該地。仍然坐落該處的唯一一座主要製片廠是派拉蒙影業，不過「好萊塢」仍然是洛杉磯電影產業基地的簡稱。逾半的美國電影依然圍繞在好萊塢製作，好萊塢也仍舊是電影學院獎（Academy Awards，眾人所知的奧斯卡金像獎〔the Oscars〕）的頒獎地。奧斯卡金像獎頒獎典禮從一九二九年即開始舉辦，儘管爭議多有，它仍然是全球傑出電影的代名詞。

孟買的奧林匹亞戲院（Olympia Theatre in Bombay）

《哈里什昌德拉國王》（*Raja Harishchandra*）是印度首部電影長片，由電影先鋒達達沙赫布．帕爾凱（Dadasaheb Phalke，1870－1944）製作執導。一九一三年四月二十一日《哈里什昌德拉國王》在孟買的奧林匹亞戲院首映，迅速獲得極佳票房，為印度電影產業的高人氣立下基礎。印度電影可說是全世界最多人觀看的電影，主要據地在孟買周邊，人稱「寶萊塢」（Bollywood），製作的是印度語影片。

阿姆利則（Amritsar）

阿姆利則不僅是錫克教（Sikhism）大本營，還是英國殖民史上最殘暴事件札連瓦拉園（Jallianwala Bagh）大屠殺的發生地。這次事件激起了印度的獨立運動。

旁遮普地區是錫克教創始者古魯[1]那納克（Nanak，1469－1539）的出生地。那納克創立的新宗教很快就聚集起信徒。在他死後，有九位古魯繼承，他們對錫克教的立足皆有貢獻。一七〇八年當第十位古魯死後，錫克教的經典《聖書》（*Guru Granth Sahib*）成為最終的永恆古魯。

阿姆利則是由第四世古魯拉木達斯（Ram Das，1534－1581）正式創建。拉木達斯下令興建一座大型聖水蓄池，稱作甘露之池（Amrita Saras; Pool of Nectar），阿姆利則的名字就是由此而來。一五八九年時，拉木達斯的繼承者古魯阿爾瓊（Arjan，1563－1606）在甘露之池中央建造一座謁師所（gurdwara，錫克教朝拜之所），稱為哈爾曼迪爾．薩希（Harmandir Sahib，神的寓所之意）。哈爾曼迪爾．薩希可由一座大理石橋到達，較阿姆利則其他地方地勢為低，是為提醒教徒們必須謙卑。哈爾曼迪爾．薩希成為錫克教朝拜者的至聖之地，也促進了阿姆利則的繁榮。

隨著錫克教日益成長，追隨者們時常面臨暴力迫害，尤其是受到穆斯林帝國蒙兀兒（Mughal）諸帝王的殘忍對待。蒙兀兒王朝統治著旁遮普地區，從十六世紀到十八世紀是印度次大陸的霸主。十八世紀時隨著蒙兀兒勢力衰退，本就擁有軍隊保護自身的錫克教徒，取得旁遮普部分地區的控制權，成立了幾個不同國家。一八〇一年，在軍隊首領蘭吉・辛格（Ranjit Singh，1780 – 1839）的領導下，各國結合成立錫克帝國（Sikh Empire）。隔年，蘭吉・辛格出錢重建哈爾曼迪爾・薩希（建成之後已遭數次破壞），材料用的是大理石、銅和金箔，隨後就以金殿（Golden Temple）之名為人所知。一八三九年蘭吉死後，錫克帝國步入衰微，正好讓東印度公司（East India Company）有機可乘。那時東印度公司統治著大半印度次大陸地區。經歷兩次戰爭過後，一八四九年錫克帝國瓦解，受東印度公司控制。一八五七年，當印度大多數地區群起反抗英國統治時，旁遮普地區確是相當平靜。一八五八年反抗失敗告終，之後英國政府奪得印度次大陸的直接統治權。

帕拉西（Palashi，英語化為普拉西〔Plassey〕）

到了十八世紀中期，英國東印度公司已經在印度次大陸立足，不過絕非主要勢力。一七五七年時一切改變了，東印度公司軍隊在帕拉西村擊敗了與法國結盟的孟加拉統治者們，得以在孟加拉成立傀儡政權，為自身在印度次大陸建立起主導勢力奠下基礎。

到了二十世紀初期，要求給予印度更高程度自由的呼聲四起，在第一次世界大戰後聲勢更加提高。英屬印度對協約國的戰事貢獻良多，有超過一百萬人在海外服役，旁遮普的貢獻多過其他省分。許多印度人期望這樣會說服英國人釋出更多自治權。然而，一九一九年三月二十一日，英屬印度的立法機關卻通過了《無政府與革命罪法案》（Anarchical and Revolutionary Crimes Act）。針對政治反抗者的嚴厲施法，等於延長了戰時的緊急措施，讓殖民政府可以未經訴訟程序便監禁且無限期拘留人民、實行祕密審判、無拘捕令便逮捕人民，同時限制新聞自由。本是律師的聖雄甘地（Mahatma

Gandhi，1869 – 1948）在印度獨立宣傳運動裡已經是一位具有影響力的領袖，他號召大規模的一日罷工以抗議苛法。旁遮普地區普遍反對這項法案，不過仍然平靜如常，直到反對派領導人物遭逮捕後，激烈暴動才出現。四月十日，警方在阿姆利則朝一群市民開槍，六人因此死亡，逾三十人受傷。

一九一二年起擔任旁遮普地區副總督的麥可．奧德懷爾爵士（Sir Michael O'Dwyer，1864 – 1940），透過禁止公眾集會壓制住混亂情勢。在阿姆利則指揮一一八五支部隊（多數是廓爾喀人〔Gurkha〕或俾路支人〔Baluch〕）的雷吉納德．戴爾（Reginald Dyer，1864 – 1927），肩負起阻止抗議情勢擴大的任務。四月十三日，戴爾聽聞大批群眾（約一萬人）在金殿附近的高牆花園札連瓦拉園集結，他抵達該處並命令手下們占據唯一的出入口。隨後在毫無預警的情況下，戴爾下令士兵們朝群眾開槍。他們總共殺害了三七九位民眾（包括一位六週大的嬰兒），受傷人數達兩千人。接著戴爾便班師回營，對躺在花園內的受難者棄之不顧。隨後戒嚴便擴及旁遮普地區。

戴爾因為殘忍之舉而受到嚴厲譴責，並受命辭去軍隊職務，不過沒有更進一步的懲罰。一九二〇年當他回到英國時，他收到支持者募得的大筆現金，之後旋即退休，七年後離世。奧德懷爾自副總督職位卸任後也返回英國。一九四〇年他在西敏寺遭刺殺，行

凶者是旁遮普的錫克教徒、印度獨立的支持者烏德哈姆・辛格（Udham Singh，1899－1940），為阿姆利則的大屠殺復仇。辛格隨後被逮捕，以謀殺罪名遭受吊刑處死。

大屠殺消息在印度次大陸傳開，說服大眾英國統治令人髮指，必須發起反抗行動。與阿姆利則的暴力之舉相反，甘地堅持以堅持真理（satyagraha，也就是和平的公民抗爭）作法對抗英人。久而久之，印度獨立運動支持聲浪提高。宗教方面也有類似的緊張情勢，一些穆斯林要求要有他們自己的獨立國家，以保障他們的權力。第二次世界大戰結束後，印度獨立的協商展開。一九四七年八月十五日，印度成為獨立國家，不過穆斯林為主的地區成為不同的國家巴基斯坦（東邊的巴基斯坦領土在一九七一年分裂為孟加拉）。印巴分治造成數百萬人流離失所，也帶來激烈暴動。甘地請求眾人冷靜並絕食，不過在一九四八年被一位印度教右翼分子刺殺。在印巴分治的過程中，旁遮普也一分為二，以印度教徒及錫克教徒為主的東半部成為印度領土，穆斯林占優勢的西半部成為巴基斯坦領土。

一些錫克教徒對於這樣的態勢並不滿意，開始要求在旁遮普建立自己的國家。一九八四年，錫克教分離主義者占領金殿及周圍建築。當談判失敗，總理英迪拉・甘地（Indira Gandhi，1917－1984，與聖雄甘地沒有關係）命令軍隊將眾人驅離金殿。他們受到印度陸軍部隊的攻擊，爭鬥中至少有四百五十人喪命，其中包括一些手無寸鐵的朝拜者。五個月後，英迪拉．甘地遭兩位錫克教保鑣刺殺，以此作為對金殿攻擊事件的報復。英迪拉．甘地的身亡，引發印度各地針對錫克教徒的暴亂。所幸一九九〇年代之後，這樣的暴力之舉已經趨緩，和平大舉重返旁遮普地區。

格利維茨無線電塔（Gliwice Radio Tower）

第二次世界大戰的主要成因之一，是一九三九年納粹德國入侵波蘭。為了合理化自身之舉，德軍在格利維茨策畫一項欺敵行動，為二戰拉開序幕，成為人類歷史上最具破壞性的衝突，造成五千萬人左右喪命。

格利維茨位在上西利西亞（Upper Silesia），屬西利西亞地區的東南部，此地區多半在波蘭境內，一部分在德國及捷克境內。西利西亞地區擁有豐富礦藏，其中最重要者是煤和鐵礦。格利維茨在一二七六年獲准成立，原本是在波蘭皮雅斯特（Piast）王朝西利西亞旁支的治下，一三三五年成為波希米亞（Bohemia）所有。一五二六年奧地利哈布斯堡家族繼承波希米亞王室後，也取得了格利維茨，並以德語名稱格萊維茨（Gleiwitz）為人所知。一七四二年，普魯士征服西利西亞，一八七一年德意志帝國成立時便成為帝國的一部分。格利維茨一如西利西亞地區許多城鎮，十九世紀時歷經工業化，成為製造業重要樞紐，尤其是鐵工業。

第一次世界大戰改變了歐洲。在奧地利、普魯士及俄羅斯一再瓜分波蘭後，波蘭原本已從地圖上消失，一戰後重新創立成為獨立共和國。《凡爾賽和約》讓德國承受廣大的領土損失，包括西利西亞部分地區讓與捷克斯洛伐克及波蘭。包括格利維茨在內，許多波蘭裔居民留在德國統治的上西利西亞地區，造成一九一九到一九二一年一連串的分離主義叛亂。為了遏止暴力，國際聯盟在上西利西亞舉行公投，詢問人民想要受德國或波蘭統治。約百分之四十的民眾投票選擇加入波蘭，其餘則比較希望繼續成為德國一分子。按照投票結果，上西利西亞一部分地區畫入波蘭領土，不過包括格利維茨在內的大部分地區則留在德國。

史達林格勒（Stalingrad）

史達林格勒戰役（Battle of Stalingrad）是歷史上最具破壞性的戰役，造成約兩百萬人傷亡。史達林格勒（今日的伏爾加格勒〔Volgograd〕）是伏爾加河流域的工業及交通樞紐，伏爾加河流域則是一九四二年軸心國夏季攻勢的主要目標。史達林格勒以激烈的巷戰形式，在城內纏鬥逾五個月，最

終蘇聯紅軍（Red Army）包圍敵軍，迫使敵人於一九四三年二月投降。這場挫敗對納粹來說是場災難，也是德國東方戰線（Eastern Front）戰事的轉捩點。

一九三三年納粹掌控德國之後，外交政策的主要目標是要推翻《凡爾賽和約》，團結所有德語人民到其治下，並且取得東方的生存空間（*Lebensraum*）[2]。重生的波蘭才剛在政治及經濟上站穩腳步，就要捲入這場紛爭之中。一九三八年三月，德國不顧《凡爾賽和約》禁令而併吞奧地利。希特勒的下一個目標是隸屬捷克斯洛伐克但德裔居民占多數的蘇台德地區（Sudetenland）。當希特勒以戰爭要脅取得蘇台德地區後，該年九月慕尼黑舉行一場會議。會議中，英法兩國首肯希特勒吞併蘇台德，藉此平息希特勒的怒火，但這仍然無法滿足他。一九三九年三月，希特勒入侵捷克斯洛伐克其他地區，其中一些正式併入德國領土，其餘成為德國的保護國，自此創立了納粹德國的附庸國斯洛伐克共和國（Slovak Republic）。此外，匈牙利和波蘭也吞併了一些捷克斯洛伐克的領土。希特勒的行動向英法證明了他不可信任，而他企圖吞併的下一個目標自然是波蘭了。因為這樣，英國及法國政府向波蘭保證，倘若波蘭的獨立地位遭受威脅，他們就會向德國宣戰。

珍珠港（Pearl Harbor）

一直以來是一座獨立王國的北太平洋群島夏威夷，一八九八年時被美國吞併。美國海軍體認到夏威夷的戰略價值，一九〇八年在歐胡（Oahu）島的珍珠港建立基地。一九四一年十二月七日，日本先發制人突襲珍珠港基地，擊沉並破壞數艘船艦，造成數百人死亡，導致美國加入二戰同盟國陣營，是同盟國陣營獲取最終勝利的關鍵。

一九三九年八月二十三日，德國及蘇聯簽訂中立條約《德蘇互不侵犯條約》（Molotov–Ribbentrop Pact，以雙方外長的姓氏命名）。基於兩國意識形態的差異，這

個舉動震驚全世界。條約還暗藏祕密條款，瓜分波蘭、羅馬尼亞、巴爾幹半島及芬蘭等地，成為德蘇的勢力範圍。有了蘇聯不會干涉的保證，加上堅信英法不會有任何行動，希特勒加快腳步侵略波蘭。侵略計畫的一部分是德軍發起假旗行動，假扮波蘭人攻擊德國領土，這場行動的發生地就在格利維茨無線電塔。無線電塔建於一九三四年，塔高一一八公尺（三八七英尺），是歐洲最高的木造建築。

八月三十一日夜晚，納粹親衛隊穿上一身波蘭軍隊制服，上演占領電塔戲碼。德軍以波蘭語發送一段簡短廣播，為了讓「攻擊」更加逼真，還安放了幾具屍體。這些屍體大部分是達豪（Dachau）集中營的被俘者，不過其中一人是抓來的地方農夫。當時波德邊界四處都在上演這樣的事件。九月一日，德國及斯洛伐克軍隊入侵波蘭。波蘭人奮力抵抗，可是遭德軍壓制，德軍受助於坦克及飛機的數量優勢。入侵行動兩天過後，法國及英國雙雙向德國宣戰，不過他們無力幫助遭圍攻的波蘭軍隊。更糟的是九月十七日蘇聯從東面入侵波蘭，到了十月六日戰事結束。波蘭再次從地圖上消失，遭德國、蘇聯及斯洛伐克共和國瓜分。波蘭在戰爭期間飽受摧殘，超過六百萬人民死亡，尤其是猶太人。波蘭地下國（Polish Underground）持續與占領軍對抗，而逃離波蘭的軍隊成員則以出色的英勇與同盟國並肩作戰。

一九四一年六月，軸心國陣營發動巴巴羅薩行動入侵蘇聯。儘管一開始成功，卻把蘇聯拉進同盟國陣營作戰，最終導致納粹德國垮台。到了一九四五年，勝券在握的同盟國陣營開始商討戰後歐洲的重建。雖然向波蘭保證一定會有民主選舉，波蘭卻成為蘇聯的勢力範圍，而蘇聯在那裡安插了一個友善的共產政權。重組後的波蘭將格利維茨納入，無線電塔被用來傳送國家電台節目，直到一九五五年之後又拿來干擾西歐電台發送的訊號。波蘭並未完全恢復民主，直到一九八九年一場全國性罷工及示威抗議過後，波蘭才舉行自由選舉，為當地的共產統治終結拉開序幕。

弗連斯堡（Flensburg）

一九四五年四月三十日希特勒自殺。根據希特勒的遺囑所述，德國海軍司令卡爾．鄧尼茨（Karl Dönitz，1891－1980）繼他成為帝國元首、戰爭部長及三軍最高統帥。眼看柏林就要淪陷，鄧尼茨在德國北部港口弗連斯堡建立政府。弗連斯堡作為（小了許多的）第三帝國首都僅有數日，到了五月七日，鄧尼茨下令投降，不過弗連斯堡政府一直運作到五月二十三日成員被捕之時。

安妮之家（Anne Frank's House）

反猶太主義一直是世界歷史裡備受譴責的不滅面向，最終造成納粹大屠殺（Holocaust），六百萬名左右的猶太人遭到有計畫的殺害。安妮．法蘭克（Anne Frank，1929－1945）是這項種族滅絕行動中永恆的受害者代表之一。

中古世紀時猶太人已經在歐洲各地定居，他們面臨迫害及歧視，時常被迫住在所謂的猶太區（ghetto，起自威尼斯地區猶太人被迫居住的區域）。大難臨頭時猶太人成為替罪羔羊，也經常是施暴的目標。一些國家如一二九〇年的英國、一四九二年的西班牙還將猶太人全數驅逐出境。直到十八世紀末期，各國才開始將完整的公民權利擴張到猶太人身上。儘管如此，十九世紀時卻看到了偽科學觀的興起，認為猶太人是下等種族，許多政黨也對他們投以仇恨以迎合民心。針對猶太人的最嚴重暴力事件發生在俄羅斯帝國。一八八一年俄羅斯帝國皇帝亞歷山大二世（Alexander II，1818－1881）遇刺身亡，凶手是猶太人的謠言四起，導致接二連三的反猶騷亂（pogrom，意指有計畫的暴動）。政府通過猶太人只能居住在都會區的法律，而且不能購買鄉下的房地產。因為這樣，超過一百萬名猶太人逃離俄羅斯。進入二十世紀，依然見到反猶太主義滋長。一份稱為《錫安耆老的協議》（The Protocols of the Elders of Zion）的偽文件宣傳一種理論，認為全球各地的猶太人都涉入一宗陰謀，想要支配這個世界。他們同時與一九一七年俄國革命後的布爾什維克主義（Bolshevism）脫離不了干係。在猶太人與本地人口高度融合的國家中，有一個國家反猶太主義將會造成極大影響，那就是德國。

希特勒除了復興偉大德國的民族主義號召外，還長期製造這種仇恨。他與納粹黨徒一同將一戰德國戰敗歸咎於猶太人，宣稱猶太人持續存在於德國是一種必須抹除的汙點。一九三三年納粹黨掌權後，通過一系列法律以剝奪猶太公民的多數權利。一九三五年的《紐倫堡法》（Nuremberg Laws）宣告猶太人不再是德國公民。三年之後，納粹組織「碎玻璃之夜」（*Kristallnacht*）全國性暴力破壞行動，鎖定猶太人的住所、商家及禮拜堂。面臨這種對待，數千德國猶太人逃離該地，不過許多國家拒絕猶太難民大舉入境，其中包括一位法蘭克福商人奧托・法蘭克（Otto Frank，1889－1980），他與太太伊迪絲（Edith Frank，1900－1945）和兩個女兒輾轉到阿姆斯特丹定居。奧托在一家食品經銷商工作，之後開始自己的事業。

萬湖別墅（Wannsee Villa）

萬湖坐落在哈弗爾河（River Havel）積水而成的兩湖中間，是柏林近郊最美麗的人氣遊憩景點之一。富人常在這裡置產，包括製藥商人恩斯特・馬里爾（Ernst Marlier，1875－1948），一九一四年在萬湖蓋起一棟奢華別墅。到了一九四一年，這棟別墅賣給了納粹親衛隊。一九四二年一月二十日這裡舉辦了一場納粹高層會議，會中討論了最終解決方案（Final Solution）的細節。

法蘭克一家平靜地待在阿姆斯特丹，直到一九四〇年德軍入侵並占領荷蘭。隔年，在反猶太新法施行下，安妮被迫離開本來的學校，到猶太人學校入學。一九四二年十三歲生日時，安妮收到一本日記，於是開始記下自己短暫的餘生。就在那年，納粹高層在萬湖會議（Wannsee Conference）中敲定猶太問題最終解決方案（Final Solution to the Jewish Question）。相較於先前納粹考慮將猶太人趕出歐洲，萬湖會議後他們決定要徹底消滅猶太人，手段是將歐洲占領區內的猶太人大量驅逐至集中營和滅絕營，其中規模最大者是在波蘭占領區。猶太人在那裡面臨疾病、營養不良和奴役剝削，數百萬猶太人在毒氣室中遭殺害，之後再遭焚屍。此外，行刑隊（*Einsatzgruppen*）橫掃歐洲占領區，任意處決數百萬猶太人。除了猶太人，納粹還殺害逾五百萬「不受歡迎人物」，包括蘇聯囚犯、非猶太裔波蘭人、斯拉夫人、身心障礙者、羅姆人（Roma）、政敵、男同性戀者及耶和華見證人（Jehovah's Witnesses）教派。

一九四二年七月五日，安妮的姊姊瑪格特（Margot Frank，1926 – 1945）收到驅逐令，促使法蘭克一家隔日立刻藏身他處。他們與另外四位猶太人一起在法蘭克的辦公處所避難，那是一棟位在王子運河街（Prinsengracht）二六三號的十七世紀大型樓房，就在阿姆斯特丹市中心。他們靠非猶太裔友人供應所需，不過在「密室」（Secret Annex）裡環境狹促，幾個房間得從藏在書櫃後方的樓梯才能到達。安妮每天寫著日記，一直到一九四四年八月一日。三天過後，蓋世太保（Gestapo）發現這個藏身之地，可能是荷蘭線民通風報信。安妮和她的家人被帶到一個中轉營，之後被遣往東邊，在九月三日抵達波蘭奧許維茲（Auschwitz）。安妮和姊姊瑪格特從奧許維茲被轉送到伯根–貝爾森（Bergen-Belsen）的集中營，一九四五年初，兩姊妹雙雙在此殞命，可能是由於斑疹傷寒。她們的父母留在奧許維茲，伊迪絲因飢餓而死，奧托則撐到紅軍前來解救。二戰

過後，奧托回到阿姆斯特丹，友人給他在密室裡找到的安妮的日記。經過多次考慮，一九四七年奧托決定以荷蘭語出版這本日記。這本日記接連被翻譯成七十種語言，是最廣為被閱讀的大屠殺記述文本。一九五七年，奧托協助創立安妮・法蘭克基金會（Anne Frank Foundation），拯救王子運河街的房子免於按計畫拆除。基金會買下了這棟房子，重新修復並在一九六〇年以博物館之姿對外開放，提醒著種族歧視的邪惡後果。

紐倫堡的正義宮（Palace of Justice, Nuremberg）

讓納粹為他們有系統地屠殺猶太人以及其他戰爭罪行負起公共責任，是非常重要的一件事。國際間安排了一個特別法庭，地點就設在曾舉辦一些納粹大型集會的巴伐利亞城市紐倫堡。審判在正義宮內進行，正義宮是一座具備多個法庭、辦公室及一間監獄的複合體。第一輪審判在一九四五年十一月二十日到一九四六年十月一日間進行，有二十四位納粹高層受審，其中半數被判死刑。從一九四六到一九四九年，紐倫堡接連有超過十二場審判，起訴其他納粹人士。

華盛頓山賓館（Mount Washington Hotel）

當代全球經濟的基礎架構及國際貿易慣例，許多是在一九四四年新罕布夏州（New Hampshire）的布列敦森林（Bretton Woods）會議中決定。這場由同盟國舉辦的會議，就是在華盛頓山賓館召開的。

第一次世界大戰過後，一九二〇年國際聯盟成立，要協助確保會員國的集體安全並促進裁軍。這些宏大的目標因為美國從未實質加入、同時國聯無法遏止法西斯勢力的積極擴張，而終未竟功，最後導致一九三九年第二次世界大戰的爆發。

二戰戰事方酣之時，同盟國已經望向未來，為創立一個組織擬定計畫，取代毫無作為的國際聯盟。一九四二年一月，同盟國簽署「聯合國共同宣言」（Declaration by United Nations），宣誓對軸心國要取得徹底勝利，以履行保障世界各地人權的承諾。這項協定將是之後建立聯合國的基礎。到了一九四四年，同盟國為戰後的世界擬定計畫，試圖找到方法處理即將面臨的經濟重擔，並緩解未來的國際貿易。為了這項目標，全數四十四個同盟國派出七百三十位代表，在該年七月舉辦一場會議。

這場聯合國貨幣與金融會議（United Nations Monetary and Financial Conference）的舉辦地就是華盛頓山賓館，這棟華麗的建築建造於一九〇〇到一九〇二年，坐落在新罕布夏州鄉間一處隱密的崎嶇之地。布列敦森林會議於七月一日到七月二十二日召開，促成兩個重要組織的成立，今日世界各國幾乎都是其會員。首先成立的是國際復興開發銀行（International Bank for Reconstruction and Development），將會借款予各國進行重建，起初主要鎖定受戰爭摧殘的歐洲各國。國際復興開發銀行之後成為世界銀行（World Bank）的一部分，世銀則持續尋求促進經濟發展之道，並提供政策建議。近年來，世銀開始專注於社會改革，促進性別平等，改善受教權及環境永續性。

布列敦森林會議成立的第二個組織是國際貨幣基金（International Monetary Fund; IMF），以促進各國經貿合作為目標。會員國每年繳費注資，若面臨財務困難則可以向國際貨幣基金借款。人們期望國際貨幣基金的運作能夠穩定國際收支體系，這樣就能促進各國間的和平與繁榮。除此之外，國際貨幣基金的目標之一是為確保匯率穩定。起初各國匯率對美元及黃金是固定的，會員國需保證不讓匯率偏離太多。舉辦完布列敦森林會議後，華盛頓山賓館重新對消費大眾開放，至今仍在營運中。

布列敦森林會議結束後隔年，另一個國際會議在舊金山召開，這次有五十個國家參與，產生出最終版本的《聯合國憲章》（UN Charter）。《聯合國憲章》的要項之一是創設一個安全理事會（Security Council），促進世界和平，並對《憲章》的任何修改行使同意權。安理會有五個常任理事國（中國、法國、蘇聯、英國及美國），每個常任理事國都擁有否決權。除此之外，每年全體會員國要舉辦聯合國大會（General Assembly），在論壇上討論政策並制定預算。

六月二十六日《聯合國憲章》在舊金山簽訂，聯合國也在十月二十四日正式成立，隔年國際聯盟正式解散。聯合國有五十一個創始會員國，除了波蘭以外會員國全數派代表到舊金山與會，波蘭被排除在外是因為戰後國家定位仍未確立。儘管冷戰讓東西方關係交惡，時間證明聯合國在達成和平、全球合作及人權等創始目標上，表現得格外穩健且相當成功。二〇一一年南蘇丹的加入，代表著聯合國現有一九三個正式會員國，加上梵諦岡、巴勒斯坦這兩個非會員的常駐觀察員，意味著世界上愈來愈多國家涵蓋在聯合國之中。

衛理公會中央禮堂（Methodist Central Hall）

五十一個聯合國創始會員國初次召開聯合國大會，是在一九四六年一月十日到二月十四日，地點位在倫敦西敏市（Westminster）的衛理公會中央禮堂。衛理公會中央禮堂在一九一一年竣工，能夠容納逾兩千人。從一九五二年開始，聯合國大會就在紐約市的永久總部召集。不過一九八八年移到日內瓦召開，是為了讓遭美政府拒發簽證的巴勒斯坦領袖亞西爾・阿拉法特（Yasser Arafat，1929－2004）能在大會發言。

布列敦森林體系是戰後經濟繁榮的關鍵，持續達四分之一世紀。不過，一九七一年美國宣布美元不再與黃金等值。不再緊守金本位制，意味著美元與他國貨幣的匯率，最終會受到市場波動的影響而「浮動」。做了這個決定後，金本位制遭各國摒棄，一開始造成通膨，然而長期下來對經濟多有助益。自布列敦森林會議以來，全球面臨到最嚴重的經濟中斷是二〇〇七到〇八年的全球金融危機（Global Financial Crisis），美國房地產價格殞落，激起全球的經濟衰退。儘管避開了災難和貿易的徹底崩潰，召開第二次布列敦森林會議的呼聲依然四起，或許應制定出改革方案，以避免未來有類似的全球危機發生。

馬拉卡納體育場（The Maracanã）

二十世紀盛行的社會文化潮流之一，就是大眾運動消費的興起。沒有賽事能如奧林匹克運動會（Olympic Games）及世界盃足球賽（Football World Cup）那樣持續吸引大批觀眾，而里約熱內盧的馬拉卡納體育場，已經是奧運和世足賽的同義詞。

儘管古代世界各地均有運動競賽發生，但古希臘舉辦的賽事最為著名且影響最深遠。時間來到西元前九世紀，人們為了紀念宗教慶典而舉辦競賽，其中最知名的競賽就是在伯羅奔尼撒（Peloponnese）西北的奧林匹亞（Olympia）舉辦，就位在巨大宙斯雕像附近的鄉間。有史以來最早的奧林匹克運動會，是在西元前七七六年舉辦，唯一的賽事是二一〇碼（一九二公尺）的競走。接下來每四年舉拜一次的運動會，有更長距離的競走加入，同時還有其他賽事如摔角、跳遠、標槍、鐵餅、拳擊和戰車競賽。僅限自由的希臘男性裸體參賽，他們從希臘世界各個角落前來贏得勝利花環。西元前二世紀中期羅馬人控制希臘後，奧林匹克運動會持續舉辦，不過較不受重視。最後在西元四百年左右，由於與異教信仰關係密切，奧運遭身為基督徒的羅馬帝國當局廢除。

大溫洛克（Much Wenlock）

外科醫生及地方治安法官威廉・佩尼・布魯克斯（William Penny Brookes，1809 – 1895）熱中於提升體適能，對象是聚居在英格蘭施洛普郡（Shropshire）溫洛克地區的工人階級。首屆「溫洛克奧運」（Wenlock Olympian Games）就是在大溫洛克地區舉辦，時間是一八五〇年十月二十二及二十三日，包含一系列運動賽事及其他體育活動。溫洛克奧運成為年度盛事，至今仍在舉辦，是古柏坦（Coubertin）[3]復興古代奧林匹亞運動會的主要靈感來源。

到了十九世紀晚期，工業革命帶來的都市化和機械化為人們的健康帶來隱憂，尤其是工人階級。帝國間相互較勁及大規模徵兵，同樣讓各國積極提升人民體適能及體育活動。隨著大眾逐漸接受「最適者生存」的說法，各級學校投資更多時間在體育活動上。這些潮流給予法國教育家皮耶・德・古柏坦（Pierre de Coubertin，1863 – 1937）重要靈

感，讓他成為一八九〇年代復興古代奧林匹亞運動會的主要幕後推手。多虧古柏坦的奔走，國際奧委會（International Olympic Committee）在一八九四年設立，兩年後首屆現代奧運會在雅典舉辦。

足球是一九〇〇年巴黎舉辦的第二屆夏季奧運中增加的競賽項目之一，不過僅開放男子團體參賽，女子足球一直到一九九六年亞特蘭大奧運才能在奧運場上開球。足球運動根源於中古時期不列顛地區的競賽，鄰近村莊一起以各種必要方法將球射進某種球門，有時候球門是敵隊教區教堂的入口。到了十九世紀，開始有不同的運動俱樂部和學校替這些經常充滿暴力又混亂的競賽制定規則。一八六三年，足球協會（Football Association; FA）在倫敦成立，眾人同意一套規則，英格蘭各地俱樂部於是加入競賽。接著足球開始從發源國家向外傳播，蘇格蘭足球協會（Scottish Football Association）在一八七三年成立，就在英格蘭與蘇格蘭舉行全球首次國際足球競賽的隔年。到了十九世紀末，團體足球賽事在世界各地舉行，經常是透過英國工人及教育人士的宣傳。一九〇四年，國際足球總會（International Federation of Association Football，較為人知的名稱是FIFA，來自總會法語名稱的首字母縮寫）於巴黎成立，統理各國間的競賽，如今有二一一個會員，甚至比聯合國的一九三名會員還要多。

少有地方如巴西那樣如此熱情接納足球運動。十九世紀晚期，以白人菁英為主要會員的運動俱樂部首度展開團體足球競賽，最後才擴大讓工人階級和非白人參與。期望創造民族團結感的人士也大力推銷足球競賽。巴西足球是創意與傑出的代名詞，不過一開始，整個國家都認為自己的國家隊要拿到全球勝利十分困難。巴西隊在一九三〇年烏拉圭、一九三四年義大利舉辦的首兩屆世界盃（World Cup）賽事中首輪便出局，一九三八年法國舉辦的世界盃也僅拿到第三名。

由於二戰爆發，兩屆世界盃遭取消，之後一九五〇年的賽事由巴西主辦。里約熱內盧蓋起一座新體育場，這座雙層碗形建築的正式名稱取自當地一位新聞工作者馬里歐・費留（Mário Filho，1908 – 1966），他是體育場建造的主要促成人物。不過，體育場較為人熟知的名稱是馬拉卡納，它坐落的街區名。賽事的高潮是在七月十六日，至少有十九萬九八五四人湧入馬拉卡納（若考慮未買門票的觀眾，則實際觀看人數還要再加五千多人），觀看巴西與烏拉圭對決。主場隊伍只要和敵隊平手就能贏得比賽，可是烏拉圭卻以二比一的勝利贏得世界盃，震驚全世界。由於許多巴西人深信勝券在握，這場失敗可說是一場民族悲劇。所幸巴西從挫敗中恢復，贏得一九五八年的世界盃，這是他們五座世界盃冠軍紀錄的第一座（不過巴西從未贏過一九九一年開始舉辦的女子世界盃）。

儘管馬拉卡納啟用時給巴西帶來失敗傷痛，它卻成為巴西足球的殿堂之一，經常湧入逾十五萬名觀眾觀看俱樂部間及國際間的賽事。經過多年時間，馬拉卡納逐漸不堪使用，巴西因此在取得二〇一四年世界盃主辦權後進行大規模整修，將座位數減至七八八三八席（不過全是座席）。然而馬拉卡納身為決賽主辦場地，巴西卻未入列，因為巴西隊在準決賽時就遭踢除。

二〇一六年夏季奧運賽事在里約熱內盧各地舉辦，馬拉卡納擔任要角，主辦開幕及閉幕典禮，還有一些足球競賽，附近還建起一座室內體育館。巴西舉辦奧運其實爭議十足，因為整個國家當時正面臨經濟困頓，許多人認為這些錢更應該用來幫助窮人。再者，國家的領導階層身陷貪汙指控的爭議之中。奧運開幕前幾個禮拜，馬拉卡納附近發生大規模示威，最終造成警民的激烈衝突。自從該年奧運過後，馬拉卡納再度陷入失修窘境，思及馬拉卡納在體育及文化史上的高度重要性，這樣的處境是該好好批評的。

南北韓非軍事區（Korean DMZ）

從一九五三年起，韓半島分割為兩個不同國家，兩國各自擁護極為不同的意識形態。南韓是民主國家，北韓則是世界上共產主義的最後堡壘之一。分割兩地的就是南北韓非軍事區。

第二次世界大戰結束後，一大難題就是韓國的命運。韓國自一九一〇年起就由戰敗的日本帝國統治，一九四五年，蘇聯及美國沿著北緯三十八度線切分出各自的占領區。儘管這僅是暫時的權宜之舉，不過漸增的不信任感，代表兩個冷戰強權對兩韓的重新統一不會有解決的共識。一九四八年，共產的朝鮮民主主義人民共和國（Democratic People's Republic of Korea）在昔日游擊隊領袖金日成（Kim Il-sung，1912 – 1994）的領導下於北邊成立。南邊的國家是大韓民國（Republic of Korea），在聯合國監督的選舉裡，由親美的李承晚（Syngman Rhee，1875 – 1965）勝出。兩邊國家都宣稱擁有整個韓半島的主權，加上兩國意識形態的差異，導致邊境衝突頻仍。

奠邊府（Điện Biên Phủ）

一九四五年九月二日，領導對抗日本占領軍的胡志明（Hồ Chí Minh，1890－1969）宣布越南獨立。法國不接受越南的前殖民統治者，法國與支持獨立的軍隊遂在一九四六年開戰。由於胡志明是共產主義者，這場戰爭變成是冷戰對立的另一代表。最後一場重要交戰是在一九五四年，法國在越南西北的奠邊府遭擊敗。這場戰役導致法國撤退越南，越南分裂成北邊的共產國家和南邊的親西方國家，兩邊的衝突於是在一九五五年展開。儘管美國代表南越介入戰爭，北越還是在一九七五年贏得勝利，在其統治下重新統一整個國家。

一九五〇年六月二十五日，北韓獲得蘇聯的支持後，大舉越過北緯三十八度線入侵南韓。三天過後北韓奪下首爾，不過首都失守並未讓南韓立即投降。美國政府擔心整個韓半島受共黨支配後會造成骨牌效應，使得區域內鄰近國家紛紛跟進，於是誓言介入。

美軍在獲得聯合國支持後開始踏上韓半島，同行的還有來自十五個國家的戰鬥人員，總人數占聯合國盟軍指揮部（United Nations Command）的九成，盟軍指揮部是由支持南韓的多國部隊組成。起初美軍與南韓盟軍們退守在釜山環形防禦圈（Pusan Perimeter）之後，在韓半島的東南隅苦戰求生直到援軍抵至。九月時援軍到達，聯合國盟軍發動兩棲入侵展開反擊，拿下港口城市仁川後再奪回首爾。聯合國先遣部隊隨後越過北緯三十八度線，並迅速往北挺進。此時中國正式介入戰爭，導致聯合國盟軍在年底時往南撤回北緯三十八度線內。儘管蘇聯這時並未正式涉入衝突，不過已派遣戰機加入混戰以取得制空權，並佯裝駕駛為中國人或韓國人。

隨著新的一年揭開序幕，日益延長的消耗戰沿著北緯三十八度線上演。共黨軍在數量上占優勢，不過美軍對北韓發動致命的轟炸攻勢。由於傷亡不斷增加，誰輸誰贏情況尚未明朗，以協商為戰事畫下句點的想法愈來愈吸引參戰各方。一九五一年七月，和平談話正式在開城（Kaesong）展開，開城從十世紀到十四世紀曾是高麗首都。該年十月，和平會談移師板門店（Panmunjom）這個小村莊。即便協商正在進行，戰事依然持續未停，而兩方人馬都沒能傳出捷報。一九五三年七月二十七日，雙方終於在板門店簽署《韓戰停戰協議》（Korean Armistice Agreement）。雖然這不是一份正式的和平協定，不過還是宣告了武裝敵對行為的終結。在北緯三十八度線附近有一條兩韓分界線，分界線四周建起一個寬四公里的緩衝地帶，稱為南北韓非軍事區。更有甚者，兩方陣營交換了數千名戰俘。盟軍指揮部的士兵（大多數為美國人）繼續留在崗位上，以協助確保南韓的安全。總的來說，韓戰奪走了五百萬條人命，其中半數左右是平民百姓。

南北韓非軍事區一直是設防要地，是全世界武裝戒備最森嚴的邊界，也是零星衝突的好發之地。唯一一處部隊正面對立的地方是共同警備區（Joint Security Area），建築群就設置在板門店附近，作為舉行外交會議和談判的中立區。南北韓非軍事區兩端的生活天差地別。北韓在金日成和繼位者其子金正日（Kim Jong-il，1941 – 2011）及其孫金正恩（Kim Jong-un，1983 年出生）的統治下，維持一黨獨裁專制政權，蘇聯一直是北韓的主要支持者。除了嚴厲的政治鎮壓，北韓在蘇聯垮台後經歷了大規模饑荒。雖然如此，北韓仍舊大量投資軍事能力，甚至發展核武。南韓的戰後歷史截然不同。韓戰過後南韓是世界最窮國家之一，可是從一九六〇年代開始，南韓經歷經濟快速成長。此外，經過一連串非經選舉產生、受軍隊擁護的統治者後，一九八七年南韓首度舉辦民主選舉。到了那時，南韓已經躋身工業重鎮之林，如今是世界上已開發的繁榮國家之一。

蘇霍伊諾斯角（Sukhoy Nos）

籠罩整個冷戰的是核毀滅的威脅。一九四九年蘇聯自行發展出核武後，他們與美國都開始測試這個破壞力日增的裝置，其中最大者是沙皇炸彈（Tsar Bomba）。一九六一年十月三十日，蘇聯在俄羅斯極圈內謝韋爾內島（Severny Island）的測試地點蘇霍伊諾斯角將沙皇炸彈引爆。核彈產生六十四公里高的蕈狀雲，遠及挪威的窗戶都遭震破。

拜科努爾發射場（Baikonur Cosmodrome）

美國與蘇聯的冷戰競逐不僅在地面上展開，還延續到了天上。整個一九五〇和一九六〇年代，兩個超級大國相互較勁爭奪太空競賽的主導權。蘇聯在哈薩克大草原（Kazakh Steppe）建造他們的主要設施。

第二次世界大戰過後，美國和蘇聯雙雙發展日趨精密的彈道飛彈科技。為了達成目標，兩國分別積極訓練曾參與納粹飛彈計畫的德籍科學家和工程師。此事攸關軍力和國家安全（飛彈預計用來發射核武），也是共產主義與資本主義間意識形態鬥爭的象徵。到了一九五〇年代，巨大的飛彈力量強大到足以衝出地球軌道，將物體送入太空，開啟冷戰競逐的新戰場。

蘇聯飛彈及太空計畫一個主要特色就是保密到家。一九五五年，蘇聯計畫建造一座新的彈道飛彈發射基地，他們需要一處與世隔絕的開闊平原（這樣無線電訊號就不會受到干擾），並且盡可能接近赤道（那裡地球自轉速度較快）。選中的地點靠近一處名為圖拉坦（Tyuratam）的村落，就在哈薩克南方的荒漠地區。為了混淆外國勢力對地點的猜測，蘇俄之後為該地取了拜科努爾的代號，和三二〇公里外的採礦小鎮同名。

隨著發射地點選定，政府體制迅速啟動，並建造連接拜科努爾和國內其他地方的鐵公路，同時圖拉坦附近冒出一座城，安置拜科努爾的員工。一九六六年這座小鎮達到城市等級，並更名為列寧斯克（Leninsk），不過也以「星城」（Star City）之名著稱。雖然說到拜科努爾就想到太空飛行，但該地也一直是長程飛彈的試驗場。一九五七年，蘇聯成功從拜科努爾發射R–7彈道飛彈（R–7 Semyorka），是全球首個洲際彈道飛彈，射程達六千公里左右。之後的設計可以飛行更遠距離，準確度同時更高，甚至足以借用飛彈的強大力量，將物件發射到地球軌道。

甘迺迪太空中心（Kennedy Space Center）

一九六二年，為了尋找足夠寬廣的地點發射能夠到達月球的火箭，美國國家航空暨太空總署（NASA）在佛羅里達州梅里特島（Merritt Island）購地，建造工程隨即在該年展開。新地點鄰近卡納維拉角（Cape

Canaveral），這裡是ＮＡＳＡ先前許多任務的火箭發射地點。一九六三年取名甘迺迪太空中心沿用至今，就在甘迺迪總統遭刺殺之後。甘迺迪將人送上月球的挑戰，激起了太空中心的建造。甘迺迪太空中心主持阿波羅十一號（Apollo 11）的發射，在一九六九年七月二十日初次登上月球，此外還有其他幾個探月任務。美國首座太空站太空實驗室（Skylab）也是從甘迺迪太空中心發射，太空實驗室也用來發射及降落太空梭。

隨著拜科努爾發射場主持一系列成功的發射計畫，蘇聯一開始主導著太空競賽（Space Race）。一九五七年十月四日，拜科努爾以一支R－7火箭發射史普尼克一號（Sputnik 1）。史普尼克一號僅重八三．六公斤，是首個環繞地球的人造衛星，每九十六分鐘環繞地球一圈，之後墜入大氣層，一九五八年隨即焚毀。首個人造衛星發射後僅隔一月，蘇聯又發射史普尼克二號（Sputnik 2），載著一隻名叫萊卡（Laika）的流浪狗，牠是第一隻進入太空的活體動物。牠在太空任務開始後六小時左右死亡，死因是中暑加上休克。蘇聯勝利時代的高潮是東方一號（Vostok 1，R－7火箭的改版）的發射，艙內載著前空軍駕駛尤里·加加林（Yuri Gagarin，1934 – 1968）進入外太空。在加加林一〇八分鐘長的任務中，他成為首位在地球軌道飛行的人類。這趟意外成功的任務讓蘇聯得以大肆宣傳。

加加林成為全球名人，不過沒有再接到任何太空任務，因為蘇聯當局不想讓這樣一位知名人物承受任何死亡風險，然而防不勝防，加加林還是在一九六八年一次訓練飛行中墜機，提早結束人生。首位進入太空的女性瓦倫蒂娜·捷列什可娃（Valentina Tereshkova，1937 年生）原本是一位紡織工人及業餘跳傘者，一九六三年也是從拜科努爾出發。

蘇聯主導載人太空飛行的局面在一九六〇年代中期告終。為了回應約翰·甘迺迪（John F. Kennedy，1917 – 1963）提出的六〇年代結束前完成登月挑戰，美國國家航空暨太空總署加倍努力（預算增加五倍也幫了不少忙），終於超越蘇聯。一九六九年美國達成初次登月，是六次成功登陸月球的首次。同一時間，從一九六九到一九七二年，蘇聯四次登月任務嘗試皆以失敗告終。不過一九七一年蘇聯確實有了重大進展，他們發射禮砲一號（Salyut 1），這是首個從拜科努爾發射的太空站。太空競賽實際上隨著聯盟–阿波羅（Soyuz-Apollo）聯合任務而在一九七五年結束，任務中美蘇雙方的飛行器在地

球軌道中對接，團隊則進行科學實驗。

一九九一年蘇聯解體，哈薩克蘇維埃社會主義共和國（Kazakh Soviet Socialist Republic）成為獨立國家哈薩克。然而，俄國與哈薩克政府達成協議，讓俄國以一億一千五百萬美元的年租金，持續使用拜科努爾發射場進行太空計畫。四年後，名為列寧斯克的城市正式更名為拜科努爾，象徵著共產主義的趨弱。拜科努爾仍舊是太空飛行及探索的要地，由此發射太空梭及無人太空飛行器。今日拜科努爾所扮演的最重要角色，是前往國際太空站（International Space Station）的重要出發地點之一。國際太空站是一座在地球軌道上航行的設施，搭載世界各地的科學家、太空人和太空遊客（目前有來自十八個不同國家的遊客），從一九九八年發射以來一直運作至今。

沙佩維爾警察局（Sharpeville Police Station）

在種族隔離（apartheid，南非語意為「分離」）制度下，南非的非白人人口通常被遷至稱為城鎮（township）的種族隔離區域落戶。那裡環境不良，基礎設施貧乏且就業機會有限。其中罵名最多的城鎮就是沙佩維爾，一次暴行徹底改變了南非的歷史。

一九五〇、六〇、七〇年代，隨著二戰過後歐洲強權將手上的殖民屬地釋出，非洲各國相繼贏得獨立。南非的情況有些不同。第二次波耳戰爭（Second Boer War，1899－1902）之後，結合兩個英國殖民地及兩個波耳共和國（Boer Republic）的南非聯邦（Union of South Africa）在一九一〇年建立。自成立以來，南非聯邦便享有國內自治權利，一九三一年《西敏法令》（Statute of Westminster）也解除英國國會在南非聯邦的立法權，實質上給予南非聯邦獨立性質。白人少數族群透過體制褫奪黑人選民的投票權，並且立法限制黑人的財產權，藉此主導南非的政治與經濟日常。種族分界上也有著不成文的社會隔離行為。一九四八年之後，種族隔離制度將不成文的隔離行為變成正式規定，一連串法律貫徹白人優越性。所有南非人皆以種族註記，以決定他們能夠在哪裡居

住及工作，公共設施的使用也有嚴格的隔離規定。

維瓦特斯蘭（Witwatersrand）

南非歷史的翻轉，起自一片稱為維瓦特斯蘭的岩石山脊。一八八六年，維瓦特斯蘭被發現富有金礦，激起淘金移民熱潮。維瓦特斯蘭隸屬兩個獨立共和國之一的川斯瓦（Transvaal）共和國（另一是奧蘭治自由邦〔Orange Free State〕），由波耳人建立。波耳人是說南非語的歐洲人後代居民，多數是荷蘭裔。一八九九年開始的第二次波耳戰爭，主要起因之一就是對維瓦特斯蘭的控制。經過艱困的戰鬥，英國刻意朝平民百姓攻擊，迫使兩個波耳共和國投降，在一九〇二年取得勝利。

這些種族歧視政策激起各國對南非政府的反彈，許多國家譴責南非政府的舉動，並對其實施貿易禁令。在國內，散於各地的反種族隔離運動集結起來，一九五〇年代見證了全國大規模抗議及示威行動。政府以壓制任何反抗行動作為回應，透過暴力、審查機制與逮捕作為，試圖消弭所有反對聲浪。反種族隔離的關鍵組織，是成立於一九一二年的非洲民族議會（African National Congress，簡稱ＡＮＣ），為平等的投票權而奮鬥。非洲民族議會的領導成員之一，是部落首領之子納爾遜・曼德拉（Nelson Mandela，1918－2013）。曼德拉和許多非洲民族議會成員原本十分傾向以非暴力方式進行抗議，不過沙佩維爾發生的事改變了他們的意見。

種族隔離制度的基礎之一，是將國家分成不同區域給不同族群。依《通行證法》（pass laws）規定，所有年逾十六歲的黑人到限制區域外都要攜帶身分證明文件，未持有效證明文件者則會遭到逮捕。這些通行證成為眾矢之的，經常遭抗議群眾焚毀，作為反抗種族隔離的象徵。一九五九年從非洲民族議會分離出來的泛非主義者大會（Pan-Africanist Congress），在隔年宣布針對《通行證法》發起全國性示威，日期訂在三月二十一日（十天後，非洲民族議會計畫發動自己的反《通行證法》抗議行動）。

那天，南非各地出現抗議行動。泛非主義者大會號召民眾停止攜帶通行證，要求他們接受逮捕，希望他們的舉動會讓整個國家陷入停滯。那天早上有群眾聚集在沙佩維爾警察局附近，人數超過五千。示威活動大致平和，群眾高聲歌唱並呼喊口號。警方的回

應卻是要求飛機低空飛越示威群眾，並派出戰車增援，警力提升到三百名。大約在下午一點十五分，示威群眾人數激增。在毫無預警之下，一位警察開了槍，許多同事跟著開槍。兩分鐘過去，六十九位抗議群眾遭殺害，約兩百位受傷，許多人是在努力逃離途中背部中槍。屠殺之舉過後，暴動、遊行和罷工浪潮橫掃全國，政府宣布國家進入緊急狀態，並且禁止非洲民族議會集會。

沙佩維爾事件過後，聯合國要求南非政府終止種族隔離制度。曼德拉了解到要達成此目的，需要有更軍事化的手段。隨後他在一九六一年協助成立民族之矛（Umkhonto we Sizwe; Spear of the Nation），作為非洲民族議會的軍事分支，民族之矛對政府設施展開攻擊，並且破壞基礎建設。曼德拉成了通緝犯，被迫轉入地下。然而，一九六二年經過一段時間在阿爾及利亞接受游擊戰訓練後，曼德拉在一攔檢處遭擋下並被逮捕，之後因其作為被判處五年徒刑。一九六三年，非洲民族議會在約翰尼斯堡近郊里沃尼亞（Rivonia）的一處祕密地點遭警方突襲，發現武裝反抗的計畫地點以及武器藏身之處。其後曼德拉的處境每況愈下，讓他和另外十位同志受到陰謀、破壞和叛國罪名審判。接下來的判決在一九六四年結案，包括曼德拉在內共八位同志被處以無期徒刑。

當曼德拉在牢獄裡備受煎熬，反抗種族隔離的鬥爭更加激烈。國際制裁代表著南非成為被排斥的國家（pariah state），抗議群眾與警方之間的衝突變得更加頻繁。隨著暴力升級，一九八〇年代政府與非洲民族議會之間，開始了如何結束種族隔離的祕密協商，這讓曼德拉在一九九〇年時獲釋，並讓非洲民族議會合法化。經過進一步協商，一九九四年舉行了全體南非人在平等基礎上投票的選舉。非洲民族議會贏得勝利，曼德拉被賦予組織後種族隔離時代南非政府的任務，擔任南非總統直到一九九九年。在曼德拉的單一任期裡，他設立了真相與和解委員會（Truth and Reconciliation Commission），揭露種族隔離時代的侵犯人權罪行，並在一九九六年時頒布新憲法，永久地將全體南非人的平等莊嚴地載入憲法。曼德拉選在沙佩維爾簽署這項新法。

歐洲核子研究組織（CERN）

近來的各種新發明之中，全球資訊網（World Wide Web; WWW）獨占鰲頭，藉由允許巨量資訊近乎即時地交換，徹底改變整個社會、政治和全球經濟。全球資訊網誕生於歐洲核子研究組織（European Organization for Nuclear Research，較為人知的名稱來自於它的法文名稱 Conseil européen pour la recherche nucléaire 簡寫 CERN），眾多先端創新誕生之處。

歐洲核子研究組織原是一九五二年成立於巴黎的臨時性組織，由十二個創始會員國提出預算及運作（後來又加入了十個會員國，現在有二十二個會員國。二〇一四年時迎來首個非歐洲國家以色列），主要致力於研究最小存在物質的粒子物理學，並利用不同國籍科學家努力匯集而成的研究實力。一九五四年，歐洲核子研究組織經批准後正式成立。在此同時名稱中的「委員會」（council）改為「組織」，不過持續以CERN為人所知。根據其章程，CERN的研究必須是純科學的，而且不應該聚焦在軍事需求上。CERN的研究不能夠祕密進行，而需要對外公開。

加州大學洛杉磯分校波爾特館三四二〇室（Boelter Hall Room 3420, UCLA）

阿帕網（ARPANET）是網際網路的重要先驅，一九六九年設立之初有四個節點，其中之一位在加州大學洛杉磯分校一間小型地下研究室裡。十月二十九日時，首個訊息透過阿帕網傳遞到史丹佛研究院（Stanford Research Institute）。這個訊息是「登」（lo），操作人員一直試圖要輸入「登入」（login），不過在他完成之前系統就當機了。

歐洲核子研究組織總部位在日內瓦外圍的小村鎮、鄰近法國邊境的梅蘭（Meyrin，現為市郊通勤區）。實際上ＣＥＲＮ的範圍已經跨越邊界，如今超過百分之八十的設施都位在法國境內。ＣＥＲＮ的首個重大成就是在一九五七年時造出粒子加速器。這些裝置被用來加速真空中的粒子束（像是電子或質子）達到高速，並以磁場控制其行進方向。一旦粒子到達期望速度，便會安排與一目標或是另一粒子束對撞，再由偵測器記錄事件結果。這麼做能夠促使科學家們找出更多關於宇宙基本構成要素的特性，並觀察

粒子的行為。幾十年來，歐洲核子研究組織造出更多的粒子加速器，其中包括大型強子對撞機（Large Hadron Collider; LHC），長達二十七公里的地下環路穿越進入法國領土。大型強子對撞機從一九九八年一路建置到二〇〇八年，在二〇〇九年時全面啟用，所做的實驗證實了希格斯玻色子（Higgs boson）的存在，原本僅是理論上存在的希格斯玻色子賦予所有粒子質量。

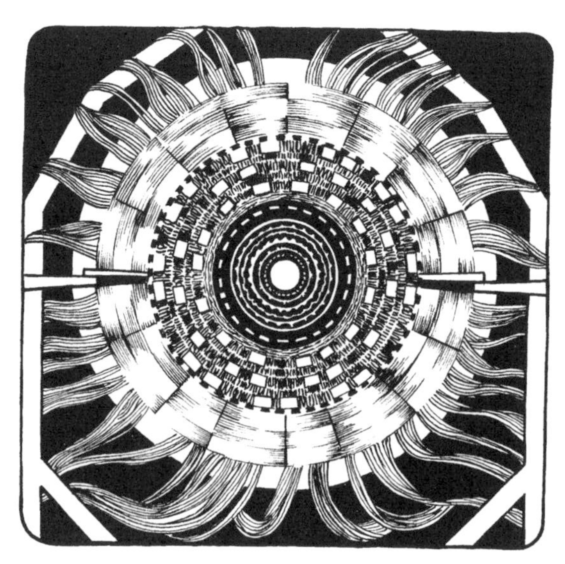

網際網路單純是一個讓電腦之間相互連接並分享資訊的網絡，早期的迭代之一是建立於一九六九年、由美國國防部資助的高等研究計畫署網路（Advanced Research Projects Agency Network，即阿帕網），以分封交換（packet switching）方式將資料分割成小型區塊，到目的地時再將其組合起來，這樣能夠讓傳輸速度快上許多。一九七〇和八〇年代，網際網路在學院、科學家和公職人員等小圈子外鮮有人知。多虧歐洲核子研究組織的進展，這一切才徹底改變。

保守宮（Palazzo dei Conservatori）

歐洲核子研究組織並非唯一一個二戰過後設立的泛歐組織。最具政治意義的組織是歐洲聯盟（European Union），源自歐洲經濟共同體（European Economic Community）。歐洲經濟共同體依據《羅馬條約》（Treaty of Rome）創設，由六個簽署國共同設立（比利時、法國、義大利、盧森堡、荷蘭及西德）。創立典禮在保守宮舉行，這座中世紀宮殿在一五三〇年代曾經由米開朗基羅翻新。

一九八九年，一位在歐洲核子研究組織任職的英國工程師暨電腦科學家提姆・伯納斯－李（Tim Berners-Lee，1955 年生）正在開發一個系統，讓不同國家的科學家們利用網際網路輕鬆傳輸各自電腦的電子檔案。提姆提出全球資訊網這個解決方案，接著開發出第一個網站，在一九九一年八月六日上線，網站內還包含如何使用及開發全球資訊網的訊息。伯納斯－李隨後依照歐洲核子研究組織的政策，一九九三年時開放全球資訊網軟體供大眾免費使用，再加上個人電腦售價降低（電腦功能也變得愈來愈強大），使得網際網路爆炸性成長，並進入公共領域。從一九九〇到兩千年，全球網際網路使用人數呈現驚人成長，從兩百六十萬躍升至超過四億。如今網際網路使用者已遠遠超過三十億，代表已有全球近半人口在使用網路。許多人使用行動裝置連網，讓人們幾乎隨時隨地都能連接全球資訊網。

無遠弗屆的網際網路是二十一世紀社會的基本樣貌，特別是在已開發國家。科技公司深刻影響我們的日常生活，其中科技五霸（Big Five，亞馬遜、蘋果、臉書、谷歌及微軟）居於主導地位。全球資訊網和網際網路並非總是如歐洲核子研究組織孕育出的那樣理想。儘管兩項科技在許多方面應該要連結起人與人，它們卻可能激起一些人對社會的疏離感，同時讓人們更加擔憂線上甚至居家活動的數位監控風險，以及猖獗的個資商業化利用。話說回來，全球資訊網和網際網路也在許多方面給人類帶來正面影響，包括提供即時通訊、促進數位化資料的共享與保存，並且協助簡化經濟交易流程。無論如何，伯納斯-李當初在歐洲核子研究組織的奇思異想，顯然改變了這個世界，而且改變持續發生中。

—譯註—

1 錫克教對首領和上師的尊稱。

2 生存空間是德國地理學家拉采爾（Friedrich Ratzel，1844－1904）一八九七年時提出的學說，以生物學和當時流行的社會達爾文主義為基礎，將國家比擬為具有生命的有機體，和生物一樣需要生存空間，一個健全國家需要靠擴張領土增加生存空間。

3 指古柏坦男爵皮耶·德·佛雷迪（Pierre de Frédy, Baron de Coubertin，1863－1937），現代奧林匹克運動會的發起人，一八九六到一九二五年擔任國際奧會主席，被譽為「現代奧林匹克之父」。

結語

世界的每個角落都具有成為歷史現場的潛力。即便是由來已久的歷史趨勢，時常都可以具體化為一個地點。例如透過布呂赫一間旅驛、蘇格蘭一處小鄉村及日內瓦一處市郊通勤區，即能訴說全球工業化經濟的誕生故事。透過黃河及尼羅河，即能揭開埃及和中國古文明的崛起內幕。劃時代人物時常與點亮他們事蹟的地方密不可分，像釋迦牟尼或是路易十四，若不了解菩提樹或凡爾賽宮，要如何講述這些人物的故事？形塑歷史的重大衝突事件，時常可以追溯到一個地點，像是德國和波蘭接界處的無線電塔。

隨著我們花費愈來愈多時間棲身在數位環境裡，一些人可能會懷疑歷史上的關鍵時刻必定跟某個實體地方緊密相連。然而別忘了，網際網路確實存在於諸如伺服器農場（server farm）和資料中心這些實際可感知的地方，而這些地方很可能就是形塑未來歷史之處。最後，就算人類在各星球上殖民，毫無疑問地，讓這一切發生的科學突破和政治決定，都將是在地球上某處生根。

致謝

若無麥可・奧馬拉圖書公司（Michael O'Mara Books）超棒的團隊，就不會有這本書，特別是我的編輯嘉貝拉・內梅斯（Gabriella Nemeth）。我也要感謝大衛・伊格斯菲爾（David Inglesfield）對稿件的修潤、奧布瑞・史密斯（Aubrey Smith）的插圖，以及大衛・伍卓夫（David Woodroffe）的地圖。還要感謝我的學生及同事們這些年來提供的深刻見解和討論。最後，我要向大英圖書館（British Library）的傑出人員們致上最高謝忱，你們所做的事棒呆了。

國家圖書館出版品預行編目資料

歷史在這裡發生過：五十個決定人類發展的歷史場域／雅各．菲爾德（Jacob F. Field）著；葉咨佑譯. --初版. --臺北市：商周出版：家庭傳媒城邦分公司發行, 民109.09
面；　公分. ——（縱橫歷史；018）
譯自：A short history of the world in 50 places

ISBN　978-986-477-914-7（平裝）

1. 世界史

711　　109012922

歷史在這裡發生過：五十個決定人類發展的歷史場域

原 著 書 名／A Short History of the World in 50 Places
作　　　者／雅各．菲爾德（Jacob F. Field）
譯　　　者／葉咨佑
企 畫 選 書／林宏濤
責 任 編 輯／陳思帆

版　　　權／黃淑敏、林心紅、劉鎔慈
行 銷 業 務／周丹蘋、黃崇華
總　編　輯／楊如玉
總　經　理／彭之琬
事業群總經理／黃淑貞
發　行　人／何飛鵬
法 律 顧 問／元禾法律事務所　王子文律師
出　　　版／商周出版　城邦文化事業股份有限公司
台北市104民生東路二段141號9樓
電話：(02) 2500-7008　傳真：(02)2500-7759
E-mail:bwp.service@cite.com.tw
發　　　行／英屬蓋曼群島商家庭傳媒股份有限公司 城邦分公司
台北市中山區民生東路二段141號2樓
書虫客服服務專線：02-25007718．25007719
24小時傳真專線：02-25001990．25001991
服務時間：週一至週五上午09:30-12:00；下午13:30-17:00
劃撥帳號：19863813；戶名：書虫股份有限公司
E-mail：service@readingclub.com.tw
歡迎光臨城邦讀書花園　網址：www.cite.com.tw
香港發行所／城邦（香港）出版集團有限公司
香港灣仔駱克道193號東超商業中心1樓　E-mail：hkcite@biznetvigator.com
電話：(852) 25086231　傳真：(852) 25789337
馬新發行所／城邦（馬新）出版集團【Cité (M) Sdn. Bhd.】
41, Jalan Radin Anum, Bandar Baru Sri Petaling,
57000 Kuala Lumpur, Malaysia
電話：(603)90578822　傳真：(603) 90576622　E-mail：cite@cite.com.my E-mail

封 面 設 計／兒日設計
版 型 設 計／鐘瑩芳
排　　　版／游淑萍
印　　　刷／高典印刷有限公司
總　經　銷／聯合發行股份有限公司　電話：(02)2917-8022

■2020年（民109）9月3日初版
定價／450元

Printed in Taiwan

城邦讀書花園
www.cite.com.tw

廣　告　回　函
北區郵政管理登記證
台北廣字第000791號
郵資已付，免貼郵票

104台北市民生東路二段141號2樓

英屬蓋曼群島商家庭傳媒股份有限公司　城邦分公司

請沿虛線對摺，謝謝！

書號：BH3018　**書名：**歷史在這裡發生過：五十個決定人類發展的歷史場域　**編碼：**

請於此處用膠水黏貼

讀者回函卡

不定期好禮相贈！
立即加入：商周出版 Facebook 粉絲團

感謝您購買我們出版的書籍！請費心填寫此回函卡，我們將不定期寄上城邦集團最新的出版訊息。

姓名：________________ 性別：☐男 ☐女

生日：西元________年________月________日

地址：________________

聯絡電話：________________ 傳真：________________

E-mail：

學歷：☐ 1. 小學 ☐ 2. 國中 ☐ 3. 高中 ☐ 4. 大學 ☐ 5. 研究所以上

職業：☐ 1. 學生 ☐ 2. 軍公教 ☐ 3. 服務 ☐ 4. 金融 ☐ 5. 製造 ☐ 6. 資訊
☐ 7. 傳播 ☐ 8. 自由業 ☐ 9. 農漁牧 ☐ 10. 家管 ☐ 11. 退休
☐ 12. 其他________________

您從何種方式得知本書消息？

☐ 1. 書店 ☐ 2. 網路 ☐ 3. 報紙 ☐ 4. 雜誌 ☐ 5. 廣播 ☐ 6. 電視
☐ 7. 親友推薦 ☐ 8. 其他________________

您通常以何種方式購書？

☐ 1. 書店 ☐ 2. 網路 ☐ 3. 傳真訂購 ☐ 4. 郵局劃撥 ☐ 5. 其他______

您喜歡閱讀那些類別的書籍？

☐ 1. 財經商業 ☐ 2. 自然科學 ☐ 3. 歷史 ☐ 4. 法律 ☐ 5. 文學
☐ 6. 休閒旅遊 ☐ 7. 小說 ☐ 8. 人物傳記 ☐ 9. 生活、勵志 ☐ 10. 其他

對我們的建議：________________

____

____

【為提供訂購、行銷、客戶管理或其他合於營業登記項目或章程所定業務之目的，城邦出版人集團（即英屬蓋曼群島商家庭傳媒（股）公司城邦分公司、城邦文化事業（股）公司），於本集團之營運期間及地區內，將以電郵、傳真、電話、簡訊、郵寄或其他公告方式利用您提供之資料（資料類別：C001、C002、C003、C011 等）。利用對象除本集團外，亦可能包括相關服務的協力機構。如您有依個資法第三條或其他需服務之處，得致電本公司客服中心電話 02-25007718 請求協助。相關資料如為非必要項目，不提供亦不影響您的權益。】

1.C001 辨識個人者：如消費者之姓名、地址、電話、電子郵件等資訊。
2.C002 辨識財務者：如信用卡或轉帳帳戶資訊。
3.C003 政府資料中之辨識者：如身分證字號或護照號碼（外國人）。
4.C011 個人描述：如性別、國籍、出生年月日。

請於此處用膠水黏貼